Gastgeben
101 kreative Ideen

DAS PERFEKTE DiNNER

Einleitung 4

Kapitel 1: Die große Kunst der kleinen Entscheidungen 8
Grundsätzliche Überlegungen zu Anlass, Gästeliste, Ablauf und Menü

Der Anlass – Kür oder Pflicht? 9
Wie viele Gäste laden Sie ein? 10
Wissenswertes rund um den Tisch 10
    Mit rundem Tisch zur runden Sache 11
Termin und Vorbereitungszeit 15
    Checkliste 1: Als Erstes die Bestandsaufnahme 16
Rund um die schriftliche Einladung 18
Wie kann eine Einladungskarte aussehen? 18
Wer steht auf der Gästeliste? 20
    Checkliste 2: Wer kommt, wer muss kommen? 21
Haben Sie Hilfe? 22
Was gibt's zu essen? 22
    Checkliste 3: Wer tut was beim Vorbereiten? 23
Gibt es »gefährliche« Zutaten? 24
    Wie abwechslungsreich sollte es sein? 26
Wie macht man sich das Leben schwer?
Und wie macht man es sich leicht? 27
Planung en détail: Die Einkaufsliste 28
    Checkliste 4: Der Einkaufsplan 30

Kapitel 2: Das Menü steht – und wie geht es weiter? 32
Planung, Kunst und Handwerk im Vorfeld des Dinners

Der Testlauf 33
    Geprobter Spaßfaktor für den gekonnten »Ernstfall« 33
Der kulinarische Überblick 34
    Viel mehr als bloße Information 34
Die Gestaltung der Menükarte 36
Der Countdown läuft! 40
    Checkliste 5: Eine Woche vorher ... 41
    Checkliste 6: Drei Tage vorher ... 42
    Checkliste 7: Einen Tag vorher ... 43
    Checkliste 8: Am Tag des Dinners ... 44

Kapitel 3: Ein wenig Knigge kann nicht schaden 46
Über die schöne Form und den guten Geschmack

Der gedeckte Tisch 47
    Gläser für jede Gelegenheit 47
    Das Porzellan 48
    Die Servietten 48
    Eindecken für Könner 49
    Die Sitzplatzordnung 50
    Kleiner Servier-Knigge 50
Getränke: Viel mehr als bloße Durstlöscher 52
    Welches Bier passt wozu? 52
    Der richtige Wein 53
    Was ist eigentlich ... 56
    Welches alkoholische Getränk passt wann und wozu? 60

INHALTSVERZEICHNIS

Kapitel 4: Rund ums Dekorieren und Anrichten 62
... denn das Auge isst bekanntlich mit

Den passenden Rahmen schaffen 64
    Die Qual der Wahl 65
    Tisch en détail 65
    ⇨ **Checkliste 9: Was habe ich, was will ich? 66**
    Stoffservietten – immer etwas ganz Besonderes 67
    Kleiner Aufwand, große Wirkung: Platzkärtchen 69
    Originell statt formell: Mut bei Porzellan, Gläsern und Besteck 70
    Licht – ein wichtiger Begleiter 71
    Dekoration pur 73
    ⇨ **Checkliste 10: Konkrete Vorschläge zum Deko-Wunsch 76**

Kapitel 5: Die Gäste kommen 80
Gut zu wissen: wichtige »W`s« der Gastgeberkunst

Wohin mit ... 81
    ... den Gastgeschenken? 81
    ... den Mänteln? 82
Wie stellt man die Gäste einander vor? 82
In welcher Reihenfolge wird bewirtet? 82
Was tun, wenn die Unterhaltung nicht in Schwung kommt? 84
Die Sache mit dem Wein ... 84

Wann gibt´s Essen? – Feintuning für das Menü 86
    ⇨ **Checkliste 11: Der Zeitplan im Minutentakt 88**

Kapitel 6: Die besten Menüs 90
Rezepte für ein perfektes Dinner ... und für jeden Geschmack

Drei für den kleinen Geldbeutel – denn gutes Essen muss nicht teuer sein! 91
    Günstig, aber anspruchsvoll 91
    Eine vegetarische Verführung 96
    Menü auf zwei Kochplatten 101

Drei für Anfänger: Gut vorzubereiten, stressfrei zu kochen – und 100 Prozent Erfolgsgarantie! 105
    James-Bond-Menü 105
    Mexiko mit Herz 110
    Drei-Länder-Küche: Haute Cuisine zum Vorbereiten! 113

Drei für Fortgeschrittene: Feinschmecker-Menüs für Gastgeber mit Kochleidenschaft! 119
    Modernes Australien trifft Deutschlands Traditionsküche 119
    Köstlicher Geschmack trifft Spitzenoptik 124
    Vollendete Eleganz trifft erlesene Zutaten 129

Kapitel 7: Pleiten, Pech und Pannen ... müssen nicht sein 136
Die SOS-Küchenhilfe

Einleitung

EINLEITUNG

Ein perfektes Dinner ist der Garant für einen unvergesslichen Abend: Wer mit interessanten Menschen in privater Atmosphäre erlesen speist und sich gut unterhält, beweist Stil und die Vorliebe für das Besondere. Aber: Immer mehr Menschen scheuen sich davor, in die Gastgeberrolle zu schlüpfen. Warum nur? Ist es etwa besser, Gast zu sein?
Zugegeben, der Gast wird verwöhnt, umsorgt und trägt eine ungleich geringere Verantwortung als der Gastgeber – in dieser Rolle kann man sich durchaus wohlfühlen. Auf der anderen Seite hat sie auch ihre Tücken, denn schließlich bestimmt kein Gast, wer außer ihm noch eingeladen wird. Ebenso wenig haben Sie als Gast Einfluss auf Menüfolge, Dekoration oder Weinauswahl.

Als Gastgeber hingegen setzen **Sie** die Akzente des Abends. Sie entscheiden, wer kommt, Sie bestimmen die Menüfolge und die Getränkeauswahl. Sie können auch, wenn Sie mögen, die Konversation lenken oder in Schwung bringen, und zwar unter besten Voraussetzungen: Ein erlesenes Essen, ein passender Wein und amüsante Tischnachbarn – ein anregenderes Umfeld für eine gelungene Unterhaltung gibt es kaum. Als Gastgeber haben Sie also alle Fäden in der Hand.

Wer seinen Gästen mit Liebe zum Detail einen unvergleichlichen Abend bereitet, hat eben nicht nur Arbeit, sondern bekommt vor allen Dingen gute Laune und jede Menge Spaß – und kann am Ende mit Fug und Recht auch ein wenig stolz auf sich sein. Aber dennoch sind die perfekten Gastgeber mittlerweile so selten geworden, dass sie eigentlich unter Schutz gestellt werden müssten.
Denn leider wissen viele Menschen heute nicht mehr, was einen perfekten Gastgeber ausmacht – und die Scheu vor der Einladung kommt wie von selbst. Scheinbar »gute« Argumente gegen das Dinner finden sich dann wie Sand am Meer: Mal ist die Küche zu klein, mal die gesamte Wohnung, mal fehlt das Vertrauen in die eigene Kochkunst, und mal ist das Loch im Portemonnaie zu groß. Oft steckt dahinter die Befürchtung, sich selbst und die Wohnung in ein vollständiges Chaos zu stürzen, in jeden möglichen Fettnapf zu treten oder sich schlichtweg zu überfordern. Dieses Buch will Ihnen diese eigentlich überflüssigen Sorgen nehmen, denn jeder ist in der Lage, einen unvergesslichen Abend zu kreieren, Sie müssen hierzu nur Ihr Potenzial aktivieren.

Jeder, wirklich jeder hat das Zeug zum perfekten Gastgeber!

Für ein perfektes Dinner sind vor allem zwei Dinge wichtig: eine gute Planung und eine gute Organisation.

Mithilfe dieses Buches stehen Sie bei der Planung des gelungenen Abends jetzt nicht mehr alleine da. Eine Fülle von Informationen, Tipps, Checklisten, Zeittabellen und Planungsvorschlägen unterstützen Sie und helfen Ihnen, die Sicherheit zu gewinnen, die Sie für einen ruhigen und souveränen Auftritt brauchen.

Welche Zutaten – außer einer guten Planung – brauchen Sie sonst noch? Sicher ist es nicht der prall gefüllte Geldbeutel, der darüber entscheidet, ob ein Dinner ein voller Erfolg wird. Teurer ist längst nicht immer besser. Viel wichtiger ist es, die kleinen Fauxpas zu vermeiden: Warmer Weißwein, kaltes Essen oder ein ständig abwesender Gastgeber haben schon bei vielen Gästen am Ende des Abends einen schalen Geschmack hinterlassen.

Auf der anderen Seite sind gerade die kleinen Gesten das Tüpfelchen auf dem i: Ein besonders herzlicher Empfang, ein perfekt angerichtetes Essen oder ein bemerkenswert amüsanter Gastgeber machen oft aus einem schönen Abend ein perfektes Dinner.

Ein solches Dinner ist ein Gesamtkunstwerk, das bei der Auswahl der Gäste, dem Stil der Einladungskarte, der Tischdekoration und der Menüfolge beginnt. Begleitet wird es durch die Aufmerksamkeit, Herzlichkeit und Natürlichkeit des Gastgebers, und abgerundet durch die kredenzten Weine, die angeregte Unterhaltung und natürlich auch die Qualität des Essens.

Je genauer die Planung, desto geringer die Hektik, je geringer die Hektik, desto entspannter der Gastgeber, je entspannter der Gastgeber, desto größer das Wohlbehagen der Gäste.

EINLEITUNG

1. Planung,
2. Know-how und
3. die Freude, Gäste zu bewirten.

Die Freude an Ihren Gästen müssen Sie selbst mitbringen; die beiden anderen Zutaten liefert Ihnen dieses Buch. Und dabei kommen nicht nur Anfänger auf Ihre Kosten. Auch Fortgeschrittene finden hier sicher noch viele Tipps zu Gästebewirtung und Pannenhilfe. Schritt für Schritt klärt es offene Fragen – von der gesamten Planung über die Einladung, die Menüfolge inklusive der passenden Weine bis hin zum Eindecken und der Begrüßung.

Was allerdings fehlt, ist der erhobene Zeigefinger, denn auch beim perfekten Dinner ist erlaubt, was gefällt; die Kenntnis bestimmter Regeln kann dennoch auch unter dieser Prämisse nicht schaden. So werden kreative Ideen rund um die Einladung und grundsätzliches Wissen über klassische Konventionen gewürzt mit dem einen oder anderen Hinweis auf die VOX-Sendung »Das perfekte Dinner«. Sie machen diesen Ratgeber zum idealen Begleiter für perfekte Gastgeber und alle, die es werden wollen.

Die große Kunst der kleinen Entscheidungen

Grundsätzliche Überlegungen zu Anlass, Gästeliste, Ablauf und Menü

DIE GROSSE KUNST DER KLEINEN ENTSCHEIDUNGEN

Ganz egal, ob Sie ein Anfänger auf dem Gebiet der Gastlichkeit sind oder zu den Fortgeschrittenen zählen: Am Anfang eines Dinners gilt es immer, die wichtigsten Vorab-Fragen zu klären. Diese sind: Warum wollen Sie das Dinner geben? Wie viele Gäste sollen es sein? Wie groß ist Ihr Budget und was soll es zu essen geben?

Der Anlass – Kür oder Pflicht?

Die erste Frage, die sich bei der Planung stellt, klingt banal, ist es aber nicht: Wollen oder sollen Sie das Dinner geben? Im Klartext heißt das: Ist es eine Kür- oder eine Pflichtveranstaltung? Allein aus der Klärung dieser Frage ergeben sich schon viele Vorgaben für die nachfolgenden Schritte.

Zwar geht es in beiden Fällen darum, für ein festliches, schickes Dinner zu sorgen und nicht für einen zwanglosen Pasta-Abend mit Freunden – im Kür-Fall allerdings handelt es sich bei Ihren Gästen um Menschen, die Sie kennen und mögen, beim Pflicht-Fall aller Wahrscheinlichkeit nach um Menschen, von denen Sie nicht sehr viel mehr kennen als vielleicht deren Status und Position – wenn Sie zum Beispiel Ihren Vorgesetzten mit Gattin oder die Eltern der Freundin Ihres Sohnes einladen.

Der erste Fall ist sicher der einfachere. Sie möchten für Ihren Partner oder Ihre Schwester ein Geburtstagsessen geben. Dann lassen Sie sich natürlich bei der Menü- und Weinauswahl vom Geschmack des Ehrengastes leiten und versuchen auch bei der Dekoration, seinen/ihren Geschmack zu treffen. Planen Sie ein festliches Abendessen für Freunde? Hier gilt dasselbe: Sie kennen Ihre Freunde und wissen, ob ein Vegetarier, Rosenkohl-Allergiker oder Fischhasser dabei ist, und können sich darauf einstellen.

Im zweiten Fall wird es etwas komplizierter. Wenn Sie die Gäste kaum kennen, müssen Sie als Gastgeber flexibler sein und durchaus damit rechnen, dass ein Gang nicht bei allen ankommt. Oft ist es auch besser, auf die ganz exotischen Zutaten zu verzich-

ten, denn die Gefahr, dass Sie damit den Geschmack Ihrer Gäste nicht treffen, ist zu groß.

Es gilt immer: Bei jedem Dinner stellt sich der Gastgeber nicht selbst dar und nutzt die Einladung, um die Gäste über seine Lebensauffassung zu belehren. Vielmehr geht es darum, als Gastgeber die Gäste stilvoll zu verwöhnen und sie am Ende des Dinners ein wenig glücklicher nach Hauses zu entlassen, als sie gekommen sind. Wie man bei »Das Perfekte Dinner« immer wieder sehen kann, ist das auch und gerade dann möglich, wenn Sie vier völlig fremde Menschen zu Gast haben. Wollen Sie erfahren, wie das geht? Dann lesen Sie einfach weiter.

Wie viele Gäste laden Sie ein?

Hier gibt es wieder zwei Möglichkeiten: Entweder Sie orientieren sich daran, was Sie wollen, oder daran, welche Mittel Ihnen zur Verfügung stehen. Wenn Sie den innigen Wunsch haben, endlich einmal ein ganz großes Dinner mit zwölf geladenen Gästen zu geben, dann tun Sie's! Auch dann, wenn Sie eigentlich gar nicht die passende Ausstattung haben. Schließlich kann man sich Geschirr und Stühle leihen, beim Tisch improvisieren und sich Hilfe in Form eines Kellners beschaffen – der bei zwölf Gästen für ein festliches Dinner unumgänglich ist. Wo ein Wille ist, ist auch ein Weg – man muss eben mehr Kompromisse eingehen.

Wem das aber nicht liegt oder zu anstrengend ist, der geht auf Nummer Sicher; das heißt in diesem Fall: **Geben Sie das Dinner, das Ihre Mittel erlauben!** Eine Bestandsaufnahme Ihrer Möglichkeiten gibt den Rahmen vor:
→   Wie groß ist Ihr Budget?
→   Wie viel Platz und welche Ausstattung haben Sie?
→   Wie viele Personen finden an Ihrem Tisch Platz?
→   Wie viele Stühle und wie viel Geschirr haben Sie?
→   Wie groß ist die Ablagefläche in der Küche, auf der Sie die Teller zügig und parallel anrichten können?
→   Und: Können Sie sich Hilfe durch einen Kellner leisten?

Wissenswertes rund um den Tisch

Zum festlichen Anlass gehört das große Gedeck:
→   der Platzteller,
→   zwei bis drei Bestecke auf jeder Tellerseite (Vorspeise, Hauptgang, Dessert),
→   zwei bis drei Gläser (Weißwein, Rotwein, Wasser),
→   der Brotteller und
→   eventuell der Salatteller.
Dieser Aufwand aus Glas, Keramik, Silber und Stoff braucht natürlich seinen Platz. Man sollte für jeden Gast schon 60 cm Tischfläche einplanen.

DIE GROSSE KUNST DER KLEINEN ENTSCHEIDUNGEN

(und Sie) nur dazu, die Ellbogen aufzustützen – was früher als eine der schlimmsten Verfehlungen bei Tisch galt und auch heute noch von wenig Stil zeugt.

Mit rundem Tisch zur runden Sache

Glücklich kann sich der Gastgeber schätzen, der einen runden Esstisch besitzt. Er gestattet mehr Bewegungsfreiheit, und der einzelne Gast braucht weniger Platz. Partydienste liefern einen runden Tisch mit 140 cm Durchmesser für acht Personen oder einen mit 170 cm für zehn Personen.

Doch was macht man, wenn man weder einen runden noch einen ausziehbaren Esstisch besitzt – und nicht bereit ist, einen Leihtisch in seine Wohnung aufzunehmen? Auch für diesen Fall gibt es eine preiswerte und praktische Lösung, da das Material des Tisches überhaupt keine Rolle für das Ge- oder Misslingen des Dinners spielt. Stellen Sie einfach Tische aneinander. Notfalls tut es sogar eine einfache Platte aus Pressspan, die Sie auf Böcke legen.

In beiden Fällen müssen Sie natürlich den Tisch festlich verkleiden. Dabei kann es nie schaden, eine Unterlage aus Molton oder Filz zu organisieren, die zum einen Unebenheiten ausgleicht, wenn Sie mehrere Tische aneinanderstellen. Zum anderen verhindert sie eine Rutschpartie des Tischtuchs und verleiht der Unterlage auch etwas Fülle – eine Funktion, die in früheren Zeiten teure Stoffe wie Damast oder Batist erfüllten (alles Weitere zu Tischdecke, Tischschmuck und Eindecken finden Sie ab S. 48).

Allerdings muss das nicht sein. Man kann auch ein festliches Dinner eindecken und mit 50 cm Platz auskommen. Hierzu legen Sie das Dessertbesteck nicht seitlich, sondern platzieren es oberhalb des Tellers; ebenso lässt sich auf den Brotteller verzichten, wenn man das Brötchen in die Serviette wickelt. Den Salatteller können Sie entbehren, wenn Sie ihn als separaten Gang reichen (Alles Wissenswerte rund um das Thema Eindecken finden Sie ab S. 47).

Messen Sie also zunächst Ihren Esstisch aus, damit Sie abschätzen können, wie viele Personen überhaupt bei Ihrem Dinner Platz finden. Wenn Sie sich für die 50-cm-Variante entscheiden, sind Stühle mit Armlehnen oder gar Sessel völlig unpraktisch. Im Übrigen: Armlehnen sollten Esszimmerstühle sowieso nicht haben, denn Sie verführen Ihre Gäste

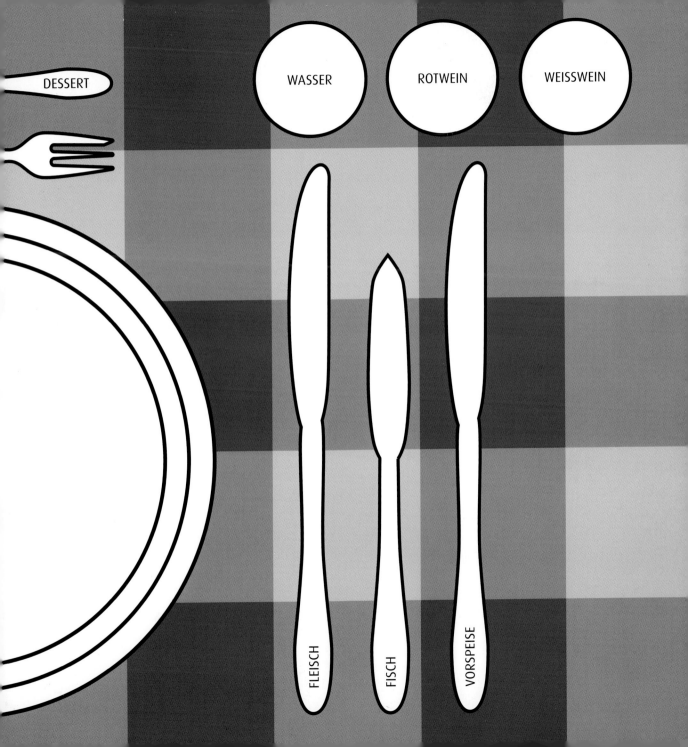

Jetzt haben Sie gemessen und überlegt ... eine Antwort auf die Frage, wie viele Gäste nun ideal sind, ist trotzdem noch nicht dabei herausgekommen. Natürlich gibt es darauf auch keine generelle Antwort, allerdings kann das eine oder andere Kriterium beim Beantworten hilfreich sein:

→ Wenn Sie sich als Gastgeber intensive Gespräche zwischen den Gästen wünschen, sollten drei bis sechs Personen am Tisch sein. Acht Personen gelten als ungünstig, weil es zu wenige sind, um Grüppchen zu bilden, und zu viele, um sich als Gruppe angeregt unterhalten zu könnten.

→ Vielleicht hilft bei der Entscheidung aber auch folgende Anekdote: Die alten Griechen waren der Meinung, dass am Tisch nicht weniger Gäste sein sollten, als es Grazien und nicht mehr, als es Musen gibt. Übersetzt bedeutet das: Nicht weniger als drei, nicht mehr als neun, immer aber eine ungerade Anzahl.

Termin und Vorbereitungszeit

Bei Ereignissen wie zum Beispiel einem Geburtstag haben Sie natürlich nicht viele Alternativen für den Termin. Für Einladungen ohne einen solch speziellen Grund lohnen sich jedoch ein paar Gedanken zur optimalen Terminwahl.

→ Werfen Sie auf jeden Fall einen Blick in den Veranstaltungskalender Ihrer Stadt, denn allzu oft ergibt sich das Problem von Konkurrenzveranstaltungen, während eine Woche vorher oder später alles frei wäre.

→ Zwischen der ersten Idee und dem großen Tag können durchaus mehrere Wochen liegen. Bedenken Sie, dass die Einladungskarten bei einem festlichen Dinner vier Wochen vorher verschickt werden sollten. Planen Sie das Ereignis im Freundeskreis, reicht es natürlich vollkommen aus, die Einladungen mündlich, telefonisch oder per Mail auszusprechen, und auch die Einladungsfrist kann deutlich kürzer ausfallen. Aber wer weiß? Vielleicht haben Sie ja auch bei dieser privaten Variante Freude daran, eine Karte zu gestalten.

→ Natürlich droht bei kürzeren Fristen eine höhere Absagequote. Mit der einen oder anderen Absage sollten Sie immer rechnen. Hat man eine mehrwöchige Vorlaufzeit gewählt, so bleibt aber immer noch genügend Platz für Nachrücker.

CHECKLISTE 1

Als Erstes die Bestandsaufnahme

Mein Grund:

Mein Budget:

Anzahl der Gäste:

Der Tisch:

Länge und Breite? ☐
Wie viele Personen finden Platz? ☐
Muss »angebaut« werden? ☐

Die Tischdecke:

Ist sie lang genug? ☐
Filzunterlage notwendig? ☐

Von A bis Z	vorhanden?	benötigt?	auszuleihen?
Dessertteller	☐	☐	☐
Espressotassen	☐	☐	☐
Gabeln	☐	☐	☐
Kuchengabeln	☐	☐	☐
Messer	☐	☐	☐
Rotweingläser	☐	☐	☐
Salatteller	☐	☐	☐
Sektgläser	☐	☐	☐
Serviettenringe	☐	☐	☐
Sondergläser wie Grappa-, Rosé- oder Portweingläser	☐	☐	☐

Von A bis Z	vorhanden?	benötigt?	auszuleihen?
Stoffservietten	☐	☐	☐
Stühle	☐	☐	☐
Suppenlöffel	☐	☐	☐
Suppenteller	☐	☐	☐
Teelöffel	☐	☐	☐
Teller für den Hauptgang	☐	☐	☐
Vorspeisenteller	☐	☐	☐
Wassergläser	☐	☐	☐
Weißweingläser	☐	☐	☐

Übliche Einladungsfristen

Das Ereignis	Dann laden Sie ein…
Das geschäftliche oder gesellschaftliche Mittagessen	2 bis 3 Wochen vorher
Die Cocktailparty	3 bis 4 Wochen vorher
Das informelle Abendessen	2 Wochen vorher
Das wichtige geschäftliche oder gesellschaftliche Abendessen aus bestimmtem Anlass	3 bis 4 Wochen vorher
Die Taufe oder eine ähnliche Familienfeier	4 bis 6 Wochen vorher
Die Hochzeit	6 bis 8 Wochen vorher

Rund um die schriftliche Einladung

Wenn Sie Einladungskarten verschicken wollen, müssen diese natürlich gut ausgewählt und gestaltet werden. Folgende Eckdaten sind für ein Dinner unerlässlich:

→ Datum,
→ genaue Uhrzeit
→ und Ort.

Bei einer schriftlichen Einladung ist es zudem üblich, ein u. A. w. g. (um Antwort wird gebeten) mit auf die Einladung zu schreiben, möglichst versehen mit einem Datum, bis zu welchem Zeitpunkt Sie die Antwort erwarten.

Möchten Sie in einem ganz bestimmten Rahmen feiern, so gehört auf die Einladungskarte auch unbedingt ein Vermerk für die gewünschte Kleiderordnung. Das kann für ein perfektes Dinner zum Beispiel ein Hinweis sein wie »festliche Kleidung«.

Wie kann eine Einladungskarte aussehen?

Für offizielle Einladungen wählen Sie am besten elegante, schlichtweiße oder halbtransparente Karten; für Einladungen im Freundeskreis kann man der Fantasie freien Lauf lassen. Hier ein paar Anregungen:

→ Bei einem Faible für die asiatische Küche kann die Einladung zum Beispiel auf Manga-Papier geschrieben oder gedruckt sein.
→ Wer sein Dinner im Stil der 20er-Jahre gestalten will, kann eine Charleston-Dame auf die Karte kopieren.
→ Romantisch geht es hingegen zu, wenn getrocknete Rosenblätter, bunte Federn oder Perlen im Kuvert liegen.

- Italienisch wird es mit einer mit Pasta verzierten Karte.
- Auch originelle, auf buntes Fotopapier kopierte Fotos können tolle Einladungskarten werden, für die man keinen Origami-Kurs an der Volkshochschule belegt haben muss.

Es ist in jedem Fall lohnenswert, sich ein bisschen Zeit zu nehmen, im Bastelladen zu stöbern und den Weg zum Copy-Shop oder der kleinen Druckerei nicht zu scheuen.

Doch bevor man die Einladungskarten schreibt, muss natürlich eines im Vorfeld stehen: die Gästeliste …

Wer steht auf der Gästeliste?

Hier ein Rat, der Gold wert ist: Schreiben Sie sich die Namen aller für Sie als Gäste in Frage kommenden Menschen auf eine Liste: Selbst, wenn Sie nicht die Absicht haben, mehr als sechs Personen einzuladen und auch nicht öfter als dreimal im Jahr ein Dinner geben wollen, können solche Listen nicht schaden …

- Schreiben Sie die Menschen auf, die Sie unbedingt dabeihaben wollen, und dann auch die, die Sie einladen müssen.
- Eile mit Weile: Lassen Sie sich bei der Liste mehrere Tage Zeit. Spontan kommen Ihnen sicher die nächsten Freunde in den Sinn, aber Sie werden staunen, welch interessanter Zeitgenosse Ihnen am zweiten oder dritten Tag noch so einfällt. Oft denkt man erst viel zu spät daran, wen man schon lange einmal einladen wollte oder wer einer bestimmten Runde die richtige Würze verliehen hätte – schade, wenn dann die Einladungsliste zu voreilig geschlossen wurde.

Generell sollten Sie bei der Auswahl der Gäste darauf achten, dass sie sich etwas zu sagen haben – aber nicht, weil sie sich schon seit Ewigkeiten kennen oder denselben Beruf ausüben. Viel gelungener sind oft die scheinbar unerwarteten Mischungen. Erreicht ein Gastgeber, dass sich ehemals unbekannte Menschen durch ein Dinner näherkommen, ist das das beste Kompliment für diesen Abend.

Fassen wir noch einmal zusammen: Rechnet man damit, dass zwei Wochen von der Grundidee über die Bestandsaufnahme, die Gästeliste und dem Erstellen der Einladungskarte vergehen und plant man weiterhin damit, dass Sie die Einladungskarte zwei bis drei Wochen vor dem eigentlichen Dinner-Termin versenden, können Sie als komplette Vorlaufzeit fünf Wochen einplanen. Ist die Einladung erst einmal verschickt, haben Sie eine kleine Pause, in der Sie sich in aller Ruhe Gedanken über das Menü, die Weine und die Dekoration machen können.

Wer kommt, wer muss kommen?

Kür		Pflicht	
Name	Interessen	Name	Interessen

CHECKLISTE 2

21

Haben Sie Hilfe?

Wenn Sie Ihr Budget geklärt haben, dürfte diese Frage leicht zu beantworten sein – denn natürlich ist es angenehm für Sie und schön für Ihre Gäste, wenn Ihnen zum Beispiel ein Kellner dabei hilft, die Speisen zu servieren, die Teller abzuräumen und darauf zu achten, dass die Gläser immer voll sind. Ein Kellner ist immer dann eine Überlegung wert, wenn Sie keine Unterstützung haben. Auch bei »Das Perfekte Dinner« taucht dann und wann ein Kellner als guter Geist an der Seite des Gastgebers auf, und jedes Mal ist es ein voller Erfolg.

Wer die Kosten für einen kellnernden Profi scheut, sollte überlegen, ob ihm nicht jemand aus dem Freundeskreis zur Hand gehen kann. Warum sollte nicht ein Freund die Kellnerschürze umbinden?

Was gibt's zu essen?

Bei einem festlichen Dinner sollte es mindestens drei Gänge geben. Es können aber auch mehr sein, zum Beispiel ein kleiner Zwischengang in Form eines Sorbets, eines Salats oder von etwas Pasta. Sehr gelungen als Einstieg in den genussvollen Abend ist immer der kleine Appetithappen vorneweg, auch Amuse-Gueule genannt. Neben seiner »unterhaltenden« Wirkung hat es auch eine wichtige Aufgabe: Es regt den Appetit an und bereitet den Gästemagen auf die kommenden Genüsse vor. Gleichzeitig hilft es ganz Hungrigen dabei, nicht zu ungeduldig zu werden.

Aber auch bei nicht allzu ausgehungerten Gästen leistet das Amuse-Gueule zumindest einen atmosphärischen Beitrag: Es verkürzt die Vorlaufzeit zum Dinner, verhindert, dass der Aperitif allzu schnell zu Kopfe steigt, und ist in Verbindung mit selbigem idealerweise der erste lukullische Genuss des Abends.

Zurück zu den Hauptgängen: Mindestens einer der Gänge sollte warm sein, egal, ob Sie im Sommer oder Winter einladen. Ansonsten ist ein weiteres Kriterium zu berücksichtigen: Ein gutes Dinner reizt auf möglichst vielfältige Weise die Geschmacksnerven. Abwechslungsreichtum ist das A und O.
Gibt es beispielsweise bei der Vorspeise Fisch, verzichten Sie im Hauptgang natürlich darauf und reichen stattdessen Fleisch oder Geflügel. Bei einem Fischhauptgang dagegen bietet sich eher eine vegetarische Vorspeise an.
Und wenn an dieser Stelle schon der Begriff »vegetarisch« fällt: Falls Sie die Gäste nicht kennen (das heißt in diesem Fall, nicht wissen, ob es sich um Vegetarier handelt), sollten Sie auf jeden Fall eine vegetarische Alternative beim Hauptgang parat haben.

Wer tut was beim Vorbereiten?

Wer tut was?	Gastgeber persönlich	Partner / Kellner / Freund
1. Anfertigung der Einladungskarte	○	○
2. Anfertigung der Menükarte	○	○
3. Einkauf: Weine, Aperitife, Digestife	○	○
4. Einkauf: Wasser, Säfte, Bier	○	○
5. Organisation von fehlendem Besteck, Geschirr und Gläsern	○	○
6. Vorbestellung der Lebensmittel	○	○
7. Einkauf der Lebensmittel	○	○
8. Vorbestellung der Blumendeko	○	○
9. Einkauf der sonstigen Deko	○	○

CHECKLISTE 3

Gibt es »gefährliche« Zutaten?

Natürlich gibt es die! Eine Auster beißt zwar nicht, kann aber durchaus sehr rasch den Erfolg Ihres Dinners in Gefahr bringen – was Sie dann merken, wenn der von Ihnen eingeladene Vegetarier allein beim Anblick dieser Vorspeise blass um die Nase wird.

Menschen, die fast alles essen, sind zwar vorbildlich – leider aber die Ausnahme. Ratsam ist es daher, bestimmte Zutaten, die von vielen als problematisch empfunden werden, entweder ganz zu vermeiden

oder nur in einem Gang zu verwenden. Wer darüber hinaus auf ein abwechslungsreich gestaltetes Menü achtet, stellt sicher, dass auch diejenigen, die möglicherweise eine Zutat in einem Gang nicht mögen, satt werden und durch die übrigen Gänge geschmacklich auf ihre Kosten kommen.

Schwierig ist es allerdings, wenn auch die anderen Gänge auf Ablehnung stoßen. Nun gibt es Zeitgenossen, die, vorsichtig ausgedrückt, problematische Esser sind: Sie mögen keinen Fisch, sie mögen kein Lamm und sie mögen auch kein Wild. Sie mögen keine Bohnen und auch keine Erbsen oder Spinat. Und gegen Ananas und Erdbeeren sind sie ebenso allergisch wie gegen Zimt und Kümmel. Schokolade hassen sie genauso wie Rosinen. Sie merken schon: Manchen Gästen kann man es einfach nicht recht

Das perfekte Dinner

* mindestens 3 Gänge
* ein warmer Gang
* abwechslungsreich
* eventuell eine vegetarische Alternative

DIE GROSSE KUNST DER KLEINEN ENTSCHEIDUNGEN

Lebensmittelgruppe und Gewürze	Die heikle Zutat	Lebensmittelgruppe und Gewürze	Die heikle Zutat
Gemüse und Pilze	* Algen * Alle Kohlsorten * Hülsenfrüchte (Bohnen, Erbsen, Linsen) * Trüffel (besonders Anfängern in Sachen französischer Kost ist der Trüffel oft zu geschmacks- und geruchsintensiv)	Fleisch	* Hammelfleisch: besser Lamm, und auch das so jung und zart wie möglich * Blutiges Fleisch oder rohes (zum Beispiel im Carpaccio) * Alle Innereien * Schweinefleisch * Generell: Fleisch aus Massentierhaltung
Fisch / Meeresfrüchte	* Alle Muscheln und Meeresfrüchte * Immer ärgerlich: Gräten im Fisch * Roher Fisch, wie er im Sushi verwendet wird * Natürlich ganz heikel: rohe Meeresfrüchte wie die gute alte Auster * Karpfen: Wer ihn einmal sumpfig-modrig gegessen hat, mag ihn nicht mehr.	Obst	* Trockenobst: Manchen treibt es nach dem Genuss von Backpflaumen auf direktem Weg zum stillen Örtchen. * Viele mögen Rosinen nicht. * Orangeat und Zitronat
		Gewürze	* Chili * Koriander * Kümmel
Geflügel	* Innereien * Gänsestopfleber: Das ruft die Tierschützer auf den Plan und ist eine Innerei. * Generell: Fleisch aus Massentierhaltung		

25

machen, aber das müssen Sie als Gastgeber auch ganz sicher nicht persönlich nehmen.

Doch es macht durchaus Sinn, heikle Kombinationen in der Menüfolge von vornherein zu vermeiden. Denn geschmackliche Probleme sind vorprogrammiert, wenn Sie sich ein Menü überlegen, das in jedem Gang kritische Zutaten enthält. Solch ein Menü bestünde beispielsweise

→ in der Vorspeise aus Sushi,
→ im Hauptgang aus blutigem Lamm
→ und aus einem Dessert, das nur so vor Rosinen strotzt.

Dass man mit dieser Kombination auf Ablehnung stoßen kann, ist klar. Daher finden Sie auf Seite 25 eine Auflistung von Zutaten, bei denen man als Gastgeber auf der Hut sein sollte – doch die menschlichen Vorlieben und Abneigungen sind vielfältig: Sie erhebt keinen Anspruch auf Vollständigkeit!

Wie abwechslungsreich sollte es sein?

Für den Abwechslungsreichtum Ihrer Menüfolge gibt es gewisse Grenzen. Der wilde Wechsel zwischen kulinarischen Kulturkreisen kann zwar im Gourmet-Freundeskreis gut ankommen, außerhalb dieses Zirkels wird das aber selten eine runde Sache. Das vorhin erwähnte Beispiel aus Sushi, Lamm und Trockenobst ist solch eine gewagte Mischung, die selten Begeisterungsstürme auslösen wird.

Auf sicherem Terrain bewegt man sich, wenn man einem Kulturkreis treu bleibt. Das erhöht die Wahrscheinlichkeit, dass bei der Gesamtkomposition ein harmonischer Eindruck entsteht. Sie sollten allerdings nicht den Verdacht aufkommen lassen, dass Sie als Gastgeber eher die »langweilige« (konventionelle) Küche propagieren. Welcher Gast bricht bei Speisen noch in Begeisterungsstürme aus, deren

Absolute Don'ts!	**Keine Regel ohne Ausnahmen**
Bitte streichen …	**Erlaubt sind …**
* Fertigprodukte, ganz besonders Fertigsaucen aller Art	* Dosentomaten. Sie sind geschmacksneutralen frischen Tomaten in einer Sauce vorzuziehen.
	* Fertigfonds. Sie kann man durchaus als Grundlage für eine Sauce oder Suppe nehmen.
	* Fertignudeln. Wer sich für diese entscheidet, spart Arbeit.

Geschmacksreize er bereits zur Genüge kennt? Originelle »junge Wilde«, also Köche, die mit Küchentraditionen brechen, sind eine Bereicherung für alle Gourmets – doch diese Regel ist mit Vorsicht zu genießen: Falls Sie die Gäste nicht kennen, sollten Sie den Schwerpunkt nicht auf Ihre künstlerische Freiheit legen, sondern versuchen, die Wünsche Ihrer Gäste zu erahnen. Das heißt eben auch, auf allzu wilde Kombinationen, rohe Tiere, Trüffel und z. B. Orangeat im Dessert zu verzichten.

Neben den gewagten bis gefährlichen Zutaten gibt es auch noch absolute Don'ts, die in kein Dinner gehören. Zumindest in kein perfektes. Die Rede ist hier von Fertigprodukten.

Wie macht man sich das Leben schwer? Und wie macht man es sich leicht?

Bei der Menüzusammenstellung ist nicht nur wichtig, dass es den Gästen möglichst schmeckt und das Menü abwechslungsreich ist – es gibt auch einige weitere Tipps, die der Gastgeber beachten sollte ...

Kurzgebratenes

Wer vorhat, für sechs Personen Kurzgebratenes zu servieren, der wird schnell merken, wie rasch er an seine Grenzen stößt:

→ Damit alles gleichzeitig fertig ist, muss man mit zwei großen Kochplatten arbeiten. Da meist auch die anderen Kochplatten belegt sind, wird es schwierig, den Überblick zu behalten.
→ Das Fett spritzt, das Gargut dampft und raucht,
→ ... und eine allzu intensive Geruchsfahne macht sich auf den Weg zu den Gästen.

Viel stressfreier ist die Zubereitung von geschmorten Gerichten oder einem Braten – aber wer partout nicht auf Kurzgebratenes verzichten möchte, sollte ganz besonders darauf achten, dass die Beilagen gut vorzubereiten sind und ohne ständige Beaufsichtigung garen können.

Nudeln

Nudeln, besonders Bandnudeln, haben die unschöne Eigenschaft, schnell unappetitlich zu verkleben. Die notwendige punktgenaue Garung und ständige Beaufsichtigung wird problematisch, wenn man sich eigentlich um die Gäste kümmern möchte.

Schwer zu beschaffende Zutaten

Schwer zu beschaffen sind zum einen bestimmte exotische oder seltene Produkte, wie beispielsweise Trüffel, aber auch bestimmte Muscheln oder besondere Fleischstücke. Zum anderen können Beschaffungsprobleme bei Zutaten auftreten, die eigentlich zu einer anderen Jahreszeit genossen werden. Achten Sie bei der Zusammenstellung also darauf, dass Sie alles, was Sie für das Menü benötigen, in einer 1a-Qualität und ohne allzu großen Aufwand

→ die Information enthalten, wie lange im Voraus die Zutaten beschafft werden können
→ und, wenn sie vorbestellt werden müssen, wann sie abgeholt werden können.

Ziel ist es, bereits einen Tag vor dem großen Ereignis alles zu Hause zu haben, so dass Sie an diesem Tag nur noch die absolut frischen Zutaten besorgen müssen.

Doch mit der Zeitplanung sind wir noch nicht am Ende: Muße brauchen Sie auf jeden Fall auch für die Weinauswahl. Wer Wein im Supermarkt und ohne Beratung kauft oder – genauso schlimm! – überhaupt keinen Wein anbietet, erweist sich nicht als guter Gastgeber. Zu einem delikaten und liebevoll zubereiteten Essen gehört ganz einfach auch der passende Wein.

Gehen Sie also mit dem Menüplan zum Weinhändler Ihres Vertrauens und lassen Sie sich beraten. Sie werden sehen: Der Einkauf beim Fachmann muss noch nicht einmal teurer sein als der kenntnisarme Griff ins Supermarktregal. Ganz sicher ist es besser, sich auf den Rat eines Kenners zu stützen, als sich nur vom Etikett leiten zu lassen. Einige Tipps für den passenden Wein finden Sie ab Seite 53 dieses Buches.

erhalten können. Das ist bei Erdbeeren im Winter zum Beispiel kaum möglich.
Ganz ohne Vorbestellung geht es nie, aber wenn Sie schon einen bestimmten Fisch oder ein besonderes Stück Fleisch vorbestellen müssen, dann schauen Sie, dass die Beilagen leichter zu erhalten sind und Sie nicht auch hierfür in viele verschiedene Läden gehen müssen.

Planung en détail: Die Einkaufsliste

Das Menü steht? Schön, dann kommen wir zum nächsten Schritt, der Einkaufsliste. Dieser »Fahrplan zum entspannten Kochen« sollte so genau wie möglich sein, das heißt: Er sollte neben
→ den Zutaten auch

CHECKLISTE 4

Der Einkaufsplan

Lagerfähige Lebensmittel

Zutaten	Wo besorgen?

Frisch zu besorgende Lebensmittel wie Fleisch, Fisch, Gemüse, Kräuter, Obst

Zutaten	Wo besorgen?

Vorzubestellende Lebensmittel

Zutaten | Wo und wann besorgen?

Getränke

Wein / Andere Getränke | Weinprobe: Wo und wann?

Das Menü steht – und wie geht es weiter?

Planung, Kunst und Handwerk im Vorfeld des Dinners

Das Menü steht, die Einladungskarten sind verschickt, Sie wissen, was Sie brauchen und besorgen müssen. Rund zwei Wochen haben Sie jetzt noch Zeit – was geschieht nun als Nächstes?

Der Testlauf

Es ist zwar generell ratsam, ein Menü zu wählen, das Sie nicht zum ersten Mal kochen, aber natürlich ist für Sie vielleicht die Zubereitung einer Beilage, eines ganz bestimmten Desserts oder eines Fischs besonders reizvoll. Wollten Sie diesen Menübestandteil schon immer einmal ausprobieren? Oder ist er Ihnen beim Schmökern im Kochbuch ganz besonders ins Auge gefallen? Wie auch immer: Sie können natürlich so viele Premieren kreieren, wie Sie wollen, doch eines sollten Sie dann auf jeden Fall tun: Kochen Sie einen Probedurchlauf!

Geprobter Spaßfaktor für den gekonnten »Ernstfall«

Für einen Gastgeber gibt es kaum etwas Unangenehmeres als die eigene Unsicherheit bezüglich Küche und Kochkunst. Getoppt wird das nur noch durch ein völliges Misslingen des Essens. Derartigen Krisensituationen kann man allerdings bereits im Vorfeld den Nährboden entziehen: Bekochen Sie Ihren Partner, sich selbst oder eine Freundin mit den für Sie neuen Elementen des Menüs – und das am besten so bald wie möglich.

Vielleicht müssen Sie dann feststellen, dass das Rezept gar nicht so gut schmeckt wie angenommen. Entweder lässt es sich dann noch verbessern und ergänzen – oder Sie disponieren um und streichen diesen Gang komplett aus dem Menüplan.
Auch wenn sich herausstellen sollte, dass das Rezept doch größere Tücken hat, kann das ein guter Grund gegen diesen Gang sein: Ein Soufflé, das erst beim dritten Anlauf aufgeht, eine Sauce, die zu leicht gerinnt, oder eine Creme, die nicht fest genug wird – diese Risikofaktoren können Sie für ein Dinner, das erfolgreich werden soll, gar nicht brauchen.

Kurz gesagt: Beim Kochen gibt es viele Eventualitäten und es ist immer ratsam, durch einen Probedurchlauf die Routine zu erhöhen, die Fallen kennen zu lernen und so Sicherheit zu gewinnen. Für den Fall, dass dennoch alle Stricke reißen: Im letzten Kapitel dieses Buches finden Sie viele Tipps rund um Pannenhilfe in der Küche, die Ihnen vielleicht die eine oder andere Sauce retten werden ...

Der kulinarische Überblick

Sicher: Für ein gelungenes Dinner ist die Menükarte kein absolutes Muss – allerdings macht sie wenig Arbeit, bringt aber viel Spaß und ist ein Gewinn für alle Beteiligten. In erster Linie informiert sie die Gäste über den kulinarischen Verlauf und erhöht so die Vorfreude auf das, was der Abend noch zu bieten hat. Und wenn dann das Essen duftend auf dem Tisch steht, braucht der Gastgeber nur noch wenige Worte der Erläuterung, denn die meisten Informationen hat der Gast bereits der Karte entnehmen können.

Viel mehr als bloße Information

Wenn ausschließlich der Gastgeber für Zubereitung und Präsentation des Menüs verantwortlich ist, dann ist es schon eine beachtliche Leistung, das Essen heiß zu servieren. Langwierige Erklärungen schmälern nur die Qualität – denn wer mag schon lauwarmes Essen?
Doch neben diesem praktischen Vorzug kann eine Menükarte noch mehr.

→ Ganz nach Geschmack gestaltet (von A wie asiatisch bis Z wie zuckersüß), lässt sie sich als schmückender Bestandteil der Tischdekoration wunderbar in das Gesamtkonzept integrieren.
→ Sie kann zusätzlich als Platzkärtchen fungieren und ist für die Gäste, die die Karte mit nach Hause nehmen, eine schöne und besondere Erinnerung an den Abend.
→ Wem das alles noch nicht reicht, der kann bei der Menükarte ganz aus dem Vollen schöpfen und diese als originelles Give-away kreieren.

Was gehört nun alles auf die Menükarte? Als erstes Planungskriterium gilt: Sparen Sie nicht mit Informationen! Auf der Menükarte ist Platz und Raum für genaue Details. Sie sollte auf jeden Fall die exakte Bezeichnung der einzelnen Gänge samt der zugehörigen Getränke enthalten. Nebulöse Informationen (zum Beispiel: Pasta á la Katrin) sind dabei genauso wenig ausreichend wie ungenaue Informationen (zum Beispiel: Rotwein). Wenn Sie sich also für eine Eigenkreation bei einem Gang entscheiden, fügen Sie unter dem Spezialnamen auch die Zutaten ein oder beschreiben kurz die Zubereitung.

DAS MENÜ STEHT – UND WIE GEHT ES WEITER?

Hier nun zwei völlig frei gewählte Beispiele als »Anschauungsmaterial«:

Aperitif
Weißer Portwein, extra trocken, Weingut, Land/Region
(Jahrgang entfällt, da weißer Portwein
meist eine Cuvée aus mehreren Jahrgängen ist)

☙

Seeteufel-Rosmarin-Spieße
mit gebratenem Chicorée und Orangenfilets
Jahrgang, Riesling Auslese trocken,
Weingut, Land/Region

☙

Hirschragout mit Backpflaumen
und grünem Pfeffer
Jahrgang, Spätburgunder Auslese trocken,
Weingut, Land/Region

☙

Mousse au Chocolat mit
Orangensauce
Jahrgang, Spätburgunder Auslese trocken,
Weingut, Land/Region

☙

Kaffee, Digestif

Aperitif
Jahrgang, Champagner, brut, Weingut, kein Ort
(hier entfällt der Ort, da Champagner immer aus der
Champagne stammt)

☙

Pasta á la Carmen
Spaghetti mit Oliven-Kapern-Sauce und Sardellen
Jahrgang, Grüner Veltliner, Weingut, Land/Region

☙

Involtini á la Romana
Kalbsröllchen mit Salbei
Jahrgang, Bordeaux, Weingut, Land/Region

☙

Cassata siciliana
Sizilianische Festtagstorte mit Ricotta,
Pistazien und Maraschino-Likör

☙

Kaffee, Digestif

Die Gestaltung der Menükarte

Natürlich sind Ihrer Fantasie bei der Gestaltung der Menükarte keine Grenzen gesetzt. Doch die eine oder andere Anregung wird Ihnen stilistische Sicherheit geben und vielleicht den eigenen Ideen ein wenig auf die Sprünge helfen. Und wenn Sie einmal Spaß an dieser kreativen Betätigung gefunden haben, entstehen die nächsten Menükarten wie von selbst …

Vorschlag 1: Einfach – klassisch – gut

Wenn Sie eine einfache und klassische Variante suchen, sind Sie mit »Faltkarton und Kordel« immer gut beraten.

→ Besorgen Sie sich im Bastelladen oder Schreibwarengeschäft Fotokarton in einer Farbe, die zur übrigen Tischdekoration passt und ebenso viel Papier in demselben Format (sehr edel wirkt halbtransparentes Papier). Da das Papier in den Fotokarton eingelegt wird und auf diesem das Menü steht, sollte das Papier auf jeden Fall hell sein, so dass man die Schrift gut lesen kann.

→ Schneiden Sie sich den Karton mitsamt Papier

doppelt so groß zu wie das gewünschte Format, klappen Sie anschließend beides einmal in der Mitte um und fixieren Sie das Papier, indem Sie eine Kordel um die Mitte legen.

→ Ob die Karte ein Längs- oder ein Hochformat hat und wie groß sie ist, entscheiden Sie natürlich selbst. Klassisch ist die Karte hochformatig, was sich auch anbietet, wenn man das Menü untereinander auflistet. Lassen Sie sich in Ihrer Gestaltungsfreiheit nicht einschränken. Erlaubt ist, was gefällt.

→ Steht die Karte, dann können Sie handschriftlich eintragen, was es zu essen und zu trinken gibt. Auf der Vorderseite können Sie den Namen des Gastes oder das Motto des Abends notieren. Wer schreibfaul ist, der kann natürlich auch den Text ausdrucken und auf das Papier kopieren.

Vorschlag 2: Die Konzeptkarte à la James Bond

Für einen moderneren Auftritt Ihrer Karte können Sie sie auch im Copyshop mit großen Metallösen lochen oder mit Einband kleben lassen. Dabei sollten Sie in Ihre Planung einkalkulieren, dass Sie die Karten eventuell einen Tag im Copyshop belassen müssen.

Der Vorteil solch einer Heftung liegt darin, dass Ihre Menükarte fast beliebig viele Seiten haben darf – beim James-Bond-Menü zum Beispiel Ihre Lieblingsbilder aus seinen Filmen. Sie können aber auch auf jede Seite einen Gang schreiben, falls Sie ein kleines Format wünschen. Auf diese Art und Weise können Sie zu jedem Filmformat eine schöne Menükarte gestalten.

Vorschlag 3: Die Konzeptkarte Länderküche

Wenn Sie zum Beispiel einen italienischen, südamerikanischen oder französischen Abend gestalten, dann wirkt der passende Ausschnitt der Weltkarte attraktiv und modern.

→ Nehmen Sie einen Atlas und kopieren Sie den jeweiligen Kartenausschnitt auf den Fotokarton, der die Vorder- und Rückseite der Menükarte bilden soll.

→ Als Alternative können Sie auch etwas ganz Landestypisches als Motiv wählen, wie zum Beispiel ein Foto von Tappas-Schälchen, wenn Sie einen spanischen Abend planen, Kakteen oder bunte Blumen für Mexiko, Tempelanlagen für Griechenland oder den Adam aus der Sixtinischen Kapelle als Motiv der Menükarte für die italienische Küche. Nicht zu vergessen und immer sehr chic: Manga-Motive für die asiatische Küche.

Tipps zur Kartengestaltung

* Statt Kordel können Sie alle möglichen Materialien nehmen. Von Tüll bis Bast, von Satinband bis hin zu Perlenschnur am Meter aus dem Bastelladen oder Efeuzweigen – lassen Sie Ihrer Fantasie freien Lauf! In jedem Fall setzen Sie mit einer schönen Kordel oder einem anderen Material bereits einen dekorativen oder eleganten Akzent.

* Statt aus Fotokarton können Sie die Außenhülle der Karte aus Filz gestalten, der sich mit einem Teppichmesser leicht in das gewünschte Format bringen lässt. Besonders grauer oder beiger Filz sieht sehr edel aus.

* Statt Fotokarton zu nehmen, können Sie natürlich auch Bilder oder Muster von Geschenkpapier im Copyshop auf festes Papier kopieren und so das Motto des Abends aufgreifen.

Vorschlag 4: Die Menükarte als Give-away

Indem Sie jedem Gast die Menükarte auf eine Schürze, ein Geschirrtuch oder eine Serviette drucken lassen, machen Sie ihm ein außergewöhnliches, individuelles Geschenk und sorgen für eine einmalige Erinnerung an einen einmaligen Abend. Wenn Sie also zufällig einfache weiße Schürzen sehen, dann greifen Sie zu: Solch ein Give-away ist dann wirklich etwas ganz Besonderes.
Die Herstellung ist denkbar einfach: Kaufen Sie schlichte weiße Schürzen, helle Geschirrtücher oder Stoffservietten und schreiben oder drucken Sie Ihr Menü auf ein weißes Blatt. Im Fachladen können Sie problemlos und für wenig Geld ihre Stoffe bedrucken lassen. Eingerollt und vielleicht sogar mit einem Kochlöffel versehen, ist dies ein wirklich toller Hingucker.

Vorschlag 5: Alternativ und puristisch

Auch schön, aber nicht zum Mitnehmen: die Menükarte, die auf einer Tafel an der Wand steht. Solch eine Tafel kann man sehr leicht selbst machen.
Sie ist wirklich eine Überlegung wert – ist sie doch vielseitig und zum Beispiel auch als Einkaufsliste im Alltag einsatzfähig.
Um solch eine Tafel selbst zu machen, benötigt man lediglich eine Spanholzplatte aus dem Baumarkt, die zuerst grundiert und dann mit Spezial-Tafelfarbe, ebenfalls aus dem Baumarkt, angestrichen wird.

Sie werden sehen: Es kann sehr viel Spaß machen, in Ruhe eine Menükarte zu kreieren, der Kostenfaktor hält sich in sehr engen Grenzen, die Gäste werden begeistert sein – und die Gedanken, die Sie sich gemacht haben, auf jeden Fall zu schätzen wissen. Sie können, wenn Sie mögen, dies aber auch noch toppen, indem Sie die Karte als richtiges Give-away kreieren.

Der Countdown läuft

Die Hürde der grundsätzlichen Überlegungen rund um das Menü ist genommen, wichtige Vorbereitungen sind getroffen. Damit nun nichts mehr schiefgeht und Sie am Ende feststellen müssen, dass Sie etwas Wichtiges vergessen haben, ist ein gut strukturierter Zeitplan unerlässlich.

Die nachfolgenden Checklisten sollen Ihnen dabei helfen, die Fülle an Erledigungen und Aufgaben in zumutbare Häppchen aufzuteilen, so dass Sie am Ende ohne Stress und Hektik in den Abend starten können. Beginnen wir also bei der Planung der Woche vor dem großen Ereignis.

Eine Woche vorher …

In dieser Woche sind all die »Bestandsaufnahmen« zu tätigen, die bei eventuellen Lücken zu unnötigen bis fatalen Verzögerungen in Ihrem Zeitplan führen. Was ist, wenn Sie am Abend des Dinners feststellen müssen, dass Sie das unentbehrliche Steirische Kürbiskernöl für das Salatdressing vergessen haben? Oder Omas Silberbesteck wider Erwarten bereits hässliche bräunlich-blaue Altersflecken zeigt? Aber keine Sorge: Mit ein bisschen Zeitmanagement lassen sich diese Fußangeln leicht vermeiden.

Apropos Silberputzen: Angelaufenes Silberbesteck auf Hochglanz zu bringen, das kann eine mühsame Angelegenheit sein – muss es aber nicht. Denn Sie bekommen Ihr Silber auch ohne langwieriges und aufwändiges Polieren und teure Spezialmittel schnell zum Glänzen.

→ Kleiden Sie dafür am besten Ihr Spülbecken mit Alufolie aus. Dabei muss die matte Seite nach oben zeigen.
→ Geben Sie so viel heißes Wasser ins Spülbecken, dass das Silber vollständig bedeckt wird.
→ Fügen Sie dem Wasser einige Esslöffel Salz bei und rühren Sie so lange um, bis es sich vollständig aufgelöst hat.
→ Legen Sie nun das angelaufene Silberbesteck auf die Alufolie.

Danach müssen Sie nichts weiter tun, als zu warten, bis das Silber blank ist. Das kann wenige Minuten dauern, aber auch bis zu einer Stunde – je nachdem, wie stark die Verschmutzung war.

Eine Woche vorher...

	ja	nein	vorbestellt bei ...
1. Gewürze, Salz, Pfeffer und Zucker vorhanden?	☐	☐	
2. Mehl, Essige, Öle und anderes Küchengrundzubehör ausreichend vorrätig?	☐	☐	
3. Alle sonstigen haltbaren Lebensmittel?	☐	☐	
4. Alle vorzubestellenden Lebensmittel bestellt?	☐	☐	
5. Alle alkoholischen Getränke besorgt?	☐	☐	
6. Alle nicht-alkoholischen Getränke besorgt?	☐	☐	
7. Küchenrolle vorrätig?	☐	☐	
8. Geschirrspülmittel? Seifen?	☐	☐	
9. Gläser, Servietten oder Teller, die fehlen, nachgekauft?	☐	☐	
10. Silberbesteck geputzt?	☐	☐	
11. Blumendekoration bestellt?	☐	☐	
12. Sonstiges Dekorationsmaterial wie Tüll oder Perlen besorgt?	☐	☐	
13. Wissen Sie, wo Sie auszuleihende Utensilien herbekommen?	☐	☐	

CHECKLISTE 5

CHECKLISTE 6

Drei Tage vorher...

	ja	nein	noch nicht, aber ...
1. Menükarten fertig?	☐	☐	
2. Evtl. Give-away fertig?	☐	☐	
3. Tischdecke gebügelt?	☐	☐	
4. Servietten gebügelt?	☐	☐	
5. Auszuleihende Teller/Gläser/Bestecke ausgeliehen und Rückgabetermine vereinbart?	☐	☐	
6. Eiswürfelbeutel im Tiefkühlfach?	☐	☐	
7. Muss schon etwas mariniert werden?	☐	☐	

Einen Tag vorher...

	erledigt
1. Alle frischen Zutaten besorgen!	☐
2. Weißwein und Sekt/Champagner/Crémant kalt stellen!	☐
3. Rotwein temperieren, also auf die gewünschte Zimmertemperatur bringen, indem er aus dem zu kalten Keller geholt wird.	☐
4. Falls Jahrgangsportwein gereicht werden soll: heute schon dekantieren	☐
5. Zimmer, wenn nötig, umräumen	☐
6. Tisch, wenn nötig, umstellen, ausziehen	☐
7. Spätestens heute: Alles, was ausgeliehen wird, muss abgeholt werden.	☐
8. Blumendekoration abholen	☐
9. Fond kochen	☐
10. Evtl. Suppe kochen	☐
11. Dessert herstellen	☐
12. Hülsenfrüchte über Nacht einweichen	☐

CHECKLISTE 7

CHECKLISTE 8

Am Tag des Dinners...

		erledigt
mittags	1. Falls noch nicht geschehen: eindecken und dekorieren.	☐
	2. Fleisch parieren (also von Fett und Sehnen befreien) und zuschneiden.	☐
	3. Außerdem: Falls etwas nur kurz mariniert werden muss, kann das nun getan werden.	☐
nachmittags/ früher Abend	Salat waschen, Gemüse putzen (Achtung: Manches kann sich verfärben, zum Beispiel Champignons, Kartoffeln oder Avocado. Kartoffeln in Wasser legen, Champignons erst später schneiden und Avocadocreme frisch herstellen – oder mehr davon zubereiten, so dass die obere, verfärbte Schicht bedenkenlos entfernt werden kann).	☐
Zwei Stunden, bevor die Gäste kommen	1. Ofen vorheizen und, falls es Braten gibt, diesen schon in den Ofen geben.	☐
	2. Falls Gemüse blanchiert werden muss, können Sie dies bereits tun. Danach sollten Sie es jedoch eiskalt abschrecken, damit die Farbe erhalten bleibt und das Gemüse nicht unnötig nachgart.	☐
Eine Stunde, bevor die Gäste kommen	Spätestens jetzt müsste Ihr Kellner, wenn Sie einen haben, eintreffen, damit Sie ihn einweisen können. Wo steht was? Wobei genau brauchen Sie seine Hilfe? Wie soll er sich verhalten? Was erwarten Sie?	☐
Eine halbe Stunde, bevor die Gäste kommen	Sie können sich noch etwas ausruhen, umziehen, schick machen, die Kerzen anzünden.	

Wenden Sie das Besteck zwischendurch, denn an den Kontaktstellen zur Alu-Folie kann die erwünschte chemische Reaktion nicht ungehindert ablaufen.

Drei Tage vorher ...

Langsam kommen wir zu den Feinarbeiten. Wichtige, etwas zeitaufwändigere Details wie das Fertigstellen von Menükarten bzw. Bügelarbeiten sollten erledigt und das Besteck/Geschirr vollständig sein. Wer sein Pensum geschafft hat, wirft schon einmal einen Blick auf das, was einen Tag vor dem Dinner zu tun ist ...

Einen Tag vorher ...

Heute wendet sich Ihr Blick gänzlich in Richtung Küche. Konzentrieren Sie sich seelisch – und natürlich auch praktisch – auf die Zubereitung eines hervorragenden Menüs. Voraussetzung ist natürlich, dass jetzt wirklich alles parat steht und Sie beim Kochen nur noch zugreifen müssen – auf Frisches, Kühles, Mariniertes oder Eingeweichtes.

Am Tag des Dinners ...

Im Mittelpunkt Ihres Interesses stehen heute Ihre Kochaktivitäten sowie das Styling der Tafel – und natürlich Ihr eigenes, denn als ausgeruhter, konzentrierter Gastgeber, der sich auf den Abend freut, haben Sie mit diesem detaillierten Zeitplan noch genügend Luft für die eigene »Schönheitspflege«.

Sie sehen schon: Bei perfekter Planung bleibt am Tag der Einladung gar nicht mehr so viel zu tun. Sie haben sogar Zeit, sich ein wenig auszuruhen, und das ist auch gut so. Denn mindestens so wichtig wie ein gelungenes Essen ist ein ausgeruhter, frischer Gastgeber, der sich auf den Abend freut und der seinen Gästen die Aufmerksamkeit zukommen lassen kann, die sie sich wünschen.

Wenn Sie als Gastgeber nicht auf Ihre Kosten kommen, ist das schade für Sie, und auch Ihren Gästen wird nicht verborgen bleiben, ob Sie den Abend genießen können oder nur rotieren. Eine lukullische Offenbarung ist ein Gesamtkunstwerk!

Ein wenig Knigge kann nicht schaden

Über die schöne Form und den guten Geschmack

EIN WENIG KNIGGE KANN NICHT SCHADEN

Nein, keine Angst! In diesem Kapitel werden Sie nicht mit Gesetzen konfrontiert, die immer und überall zu gelten haben. Es schadet aber auch nicht, wenn Sie einige grundlegende Basics rund um perfektes Eindecken, passende Besteck-, Gläser- und Porzellanwahl, wohlüberlegte Sitzplatzordnung und ideale Getränke kennen. Wenn Sie möchten, können Sie sich ja immer noch darüber hinwegsetzen und sich die Freiheit nehmen, etwas ganz anders zu machen. Aber als informierter Gastgeber sind Sie auf jeden Fall souverän und nicht so leicht aus der Ruhe zu bringen.

Der gedeckte Tisch

Der gedeckte Tisch ist wie das Essen eine Komposition, deren einzelne Elemente sich stimmig zueinanderfügen und das perfekt bereitete Menü erst zum vollendeten Genuss machen. Nehmen wir nun die einzelnen Bausteine des Gesamtkunstwerks etwas näher in Augenschein …

Gläser für jede Gelegenheit

Über den vollkommenen Genuss eines Getränks entscheidet auch immer das jeweils passende Glas, denn die optimale Glasform ermöglicht es dem Bouquet, sich ideal zu entfalten. Hierbei ist sowohl die Öffnung als auch die Wölbung des Glases von großer Bedeutung. Die geschmackliche Vielfalt des Menüs wiederum wird durch das gereichte Getränk idealerweise abgerundet, ergänzt und betont, so dass beide Geschmacksrichtungen, die des Menüs und die des Getränks, besonders gut zur Geltung kommen.

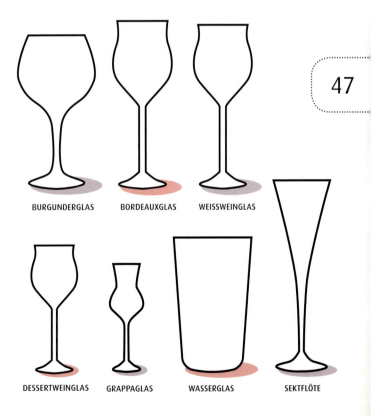

Und der Gast …

* … greift, ebenso wie der Gastgeber, das Stielglas nicht am Bauch. Das erwärmt den Inhalt zu sehr.
* … greift das Glas aber auch nicht am Fuß. Das wirkt schnell affektiert.
* … greift das Glas am besten am Stiel. So hält man es sicher, und es erfüllt seine Funktion: den Inhalt vor zu schneller Erwärmung zu schützen.

Das Porzellan

Früher galt bei Porzellan nur eine Farbe als schicklich: weiß. Heute erscheint uns das oftmals als ein wenig zu fad. Dabei ist schlichtes weißes Porzellan sicher nicht die schlechteste Wahl, wenn man elegant eindecken und die Speisen dezent zur Geltung kommen lassen will. Als Grundausstattung eignet es sich also durchaus.

→ Allerdings muss weißes Porzellan nicht der Weisheit letzter Schluss sein: Man kann es mit farbigen Gedeckstücken wunderbar auffrischen. Auch farbige Teller können in wunderschönem, frischem Kontrast zu den jeweiligen Speisen stehen. Wenn Ihnen weißes Porzellan also zu langweilig ist, greifen Sie zu Farben. Ganz Mutige können sich auch an einen Mustermix von ganz verschiedenen Tellern wagen.

→ Auch muss nicht jeder Gang unbedingt auf Porzellantellern serviert werden. Glasteller beispielsweise können auch sehr gut mit Porzellan harmonieren und sind günstig zu erstehen.

→ Holzschalen können, je nach Menü, ebenfalls zum Einsatz kommen, zum Beispiel als Salatschälchen. Experimentieren Sie ruhig mit verschiedenen Materialien.

Achten Sie aber auf eines: Es sollte niemals so sein, dass das Porzellan zu überladen wirkt oder in der Kombination zu wild ist und dem Essen auf diese Weise die Show stiehlt. Als Regel gilt: Das Geschirr ist die schöne Präsentationsfläche für das Essen.

Die Servietten

Bei der Serviettenwahl gibt es eine goldene Regel: Nehmen Sie für ein perfektes Dinner keine Papierservietten. Zu einem festlichen Anlass sind Stoffservietten die eindeutig bessere Wahl!

→ Stoffservietten müssen gar nicht gestärkt, steif oder virtuos gefaltet sein. Gerade Letzteres kann sogar unappetitlich wirken, denn wo viel

EIN WENIG KNIGGE KANN NICHT SCHADEN

→ Falls es Fisch gibt, liegt das Fischbesteck zwischen den anderen Bestecken. Moderne Fischgabeln haben keine vier, sondern nur drei Zacken, ältere, vierzinkige Fischgabeln haben meist tiefere innere Einkerbungen. Das Fischmesser wiederum hat eine spitz zulaufende, stumpfe Schneide.
→ Oberhalb des Tellers liegt 1. der Suppenlöffel – der jedoch auch rechts außen liegen kann, wenn Suppe die einzige Vorspeise ist, sowie 2. die Bestecke für die Nachspeise, besonders häufig also kleine Dessertlöffel.
→ Die Bestecke liegen niemals bündig zur Tischkante, sondern immer einen Daumen breit davon entfernt.

Brotteller stehen links, etwas oberhalb des großen Tellers, das Brotmesser liegt diagonal darüber. Im Laufe des Menüs kann dann der Brotteller gegebenenfalls gegen einen Salatteller ausgetauscht werden.

gefaltet wurde, waren auch fremde Hände viel am Werk ...
→ Schöne Leinenservietten wirken allein durch das Material – und müssen auch gar nicht teuer sein. Halten Sie einfach die Augen auf, und greifen Sie bei der nächsten günstigen Gelegenheit zu.

Eindecken für Könner

Das perfekte Eindecken eines Tisches ist keine Wissenschaft, sondern eigentlich ganz einfach.
→ Die Regel lautet: Man isst von außen nach innen. Das heißt, dass außen rechts und links Messer und Gabel für die Vorspeise liegen. Dann folgen innen Messer und Gabel für den Hauptgang, falls der aus Fleisch oder Wild besteht.

Und was ist mit den Gläsern? Auch hier richtet sich die Reihenfolge nach der Verwendung.

→ So steht ganz rechts das Glas, das bei der Vorspeise benutzt wird, dann folgen die Gläser für die Hauptgänge und innen steht das Glas für das Dessert, also zum Beispiel die Sektflöte.

Wer nun einen Aufschrei des Entsetzens von sich gibt: »Um Himmels willen, so viel Platz habe ich ja niemals!«, der sei beruhigt. Man muss nicht alle Gläser zugleich auf dem Tisch haben. Drei allerdings sollten es sein: rechts das Weißweinglas, weiter innen das Rotweinglas und fast mittig über dem Essteller das Wasserglas.

So weit zur deutschen Art, einzudecken. Wie sieht es aber in anderen Ländern aus? Da kann man nur sagen: andere Länder, andere Sitten – was den deutschen Gastgeber so lange nicht kümmern muss, wie er nicht ein bestimmtes Ländermotto verfolgt. Dann allerdings ist es schön, auch landestypisch einzudecken. Informieren Sie sich vorher, was in dem von Ihnen gewählten Land üblich ist.

Die Sitzplatzordnung

Je kleiner die Gästeschar, desto reiflicher überlegt sollte die Sitzplatzordnung sein. Gängige Regeln lauten: Setzen Sie Ehepaare niemals, Verlobte dagegen immer zusammen. Und ansonsten: Wechseln Sie Herren- und Damensitzplätze ab.

Wenn Sie diese kleinen Regeln beherzigt haben, achten Sie im zweiten Schritt darauf, dass diejenigen Gäste beisammensitzen, von denen Sie wissen, dass Sie Gemeinsamkeiten und damit auch Gesprächsstoff haben. Lange und gut kennen sollten sich diese Gäste allerdings nicht. Viel schöner und spannender ist es, wenn Sie als Gastgeber Menschen zusammenbringen, die sich ohne Ihr Zutun vielleicht niemals zusammengesetzt hätten, nun aber merken, dass sie sich außerordentlich gut verstehen.

Kleiner Servier-Knigge

Die oberste Grundregel lautet: Speisen werden von links angereicht, Getränke werden von rechts eingeschenkt. Doch in welcher Reihenfolge bekommen die Gäste ihre Gänge serviert? Immer wieder kommt es zu leichten Irritationen bei den Damen in »Das perfekte Dinner«, weil Herren vor Ihnen bedient wurden – und das zu Recht. Korrekt wird den Damen und Herren Gästen folgendermaßen aufgetragen:

1. Zuerst der ältesten oder »ranghöchsten« Dame,
2. dann allen anderen Damen bis auf die Gastgeberin nach der Sitzplatzordnung und nicht mehr nach dem »Rang«,
3. als letzter Dame wird der Gastgeberin serviert.
4. Dann erst kommt der älteste oder ranghöchste Herr,
5. danach werden die Herren der Sitzplatzordnung nach bedient,
6. als letztem Herrn wird dem Gastgeber serviert.

Getränke: viel mehr als bloße Durstlöscher

Getränke sind idealerweise gleichwertige Begleiter Ihres Menüs. Doch ihre Vielfalt ist groß: Während es den meisten zwar nicht schwerfällt, stilsicher zwischen wein- und biergeeigneten Menüs zu unterscheiden, wird es bei der »sortenreinen«, passgenauen Auswahl der Biersorte, des Jahrgangssektes oder gar des perfekten Weines schon schwieriger. Daher nun im Folgenden ein kleiner Überblick über die Grundzüge der Bier- und Weinkunde.

Welches Bier passt wozu?

Favorit unter den Getränken ist und bleibt das Bier. Der Brauhausabend in »Das perfekte Dinner«, bei dem der Gastgeber sogar ein Kölschglas-Gesteck organisiert hatte, kam bei den anderen Gästen durchaus gut an. Bier gehört nun einmal zu einer gemütlich rustikalen Atmosphäre. Wenn Sie ein gutbürgerliches Essen planen, ist dieses Getränk die beste Wahl.

Allerdings sind nicht nur Frauen bei der Fülle an Sorten bisweilen damit überfordert, das richtige Bier für die richtige Gelegenheit herauszufinden. Welche Sorten gibt es überhaupt? Zunächst einmal wird zwischen unter- und obergärigem Bier unterschieden.
→ Untergärige Sorten sind Pils, Export, Bockbier und Doppelbock.
→ Obergärige Sorten sind Weizen- und Weißbiere, egal ob hell, dunkel, trüb oder klar, Kölsch, Altbier und Berliner Weiße.

Die Bezeichnung »Starkbier« gibt Auskunft über den so genannten Stammwürzegehalt des Bieres, der wiederum den Alkoholgehalt beeinflusst.

Auswahl: Bei der Auswahl der geeigneten Biersorte bietet es sich generell an, leichtes Bier vor starkem Bier zu trinken, was in aller Regel auch der Speisenfolge angemessen ist.

- → Pils passt zu sehr vielen Speisen, angefangen von verschiedenen Aufläufen bis hin zum saftigen Steak. Vielleicht ist das der Grund, dass es der Deutschen liebstes Bier ist.
- → Weizenbier passt gut zu Fischgerichten. Sind diese jedoch gebraten, kann man auch einmal ein dunkles Lager, ein Alt, Export oder auch ein Schwarzbier probieren.
- → Ein geschmacksintensives Export passt gut zu Wild- und Lammgerichten. Helle Fleischsorten wie Geflügel oder Kalb sollte man einmal mit dunklem Bier probieren. Es lohnt sich.

Trinktemperatur: Nicht nur beim Wein, sondern auch beim Bier ist die Trinktemperatur von zentraler Bedeutung. Sie liegt zwischen 7° und 8 °C. Der ideale Lagerplatz für das Bier ist also der kühle Keller. Ist es wärmer, erfrischt es nicht mehr, ist es kälter, kann es seine Geschmacksstoffe nicht mehr richtig entfalten. Sie leiden ebenso wie die Schaumbildung, die bei zu kaltem Bier deutlich nachlässt.

Nicht jeder hat einen kühlen Keller, und oft ist auch der Kühlschrank zu voll. Doch bevor Sie zu warmes Bier ausschenken, sollten Sie besser auf die Badewanne als Kühlbecken zurückgreifen. Blockeis, das Sie in Brauereien bestellen können, dient dann dazu, die Temperatur von Zeit zu Zeit zu senken.

Wenn Sie einen deftigen Abend planen, können Sie davon ausgehen, dass reichlich Bier getrunken wird. Dann lohnt sich immer die Überlegung, ob man ein Fass besorgt. Im Party- und Getränkehandel gibt es spezielle Fässchen mit 5 Litern Inhalt, die einfach zu handhaben sind und im Kühlschrank vorgekühlt werden können. Größere Fässer ab 20 Liter bestellen Sie am besten bei Ihrer Brauerei. Vergessen Sie allerdings nicht, die Zapfgarnitur mitzubestellen: Diese wird im Normalfall nicht mitgeliefert!

Der richtige Wein

Zum Glück gibt es heutzutage keine strengen Richtlinien mehr, welchen Wein man zu welcher Speise zu trinken hat. Erlaubt ist, was schmeckt. Dennoch gibt es durchaus erprobte Kombinationen, an die Sie sich erst einmal halten sollten. Ein perfekter Gastgeber kennt die Standards und ist dennoch auf Extrawünsche vorbereitet!

Einkauf und Transport: Wein reagiert empfindlich auf Erschütterungen und Temperaturunterschiede. Idealerweise kaufen Sie Ihren Wein also so früh wie möglich. Wenn Sie hierbei eine Woche Vorlauf einplanen (wie in der Checkliste auf S. 41 empfohlen), kann der Wein bis zum

Weinsorte	Ideale Trink-temperatur
Junge, leichte, spritzige Weißweine (z.B. Grüner Veltliner)	8–11 °C
Vollmundige, würzige Weißweine (z.B. Grauburgunder)	11–13 °C
Roséweine	11–12 °C
Schwere, süße Dessertweine (z.B. Beerenauslese oder roter Portwein)	13–15 °C
Schwere Rotweine (bis auf die nachfolgenden Ausnahmen)	16–18 °C
Beaujolais	8 °C
Junger Bordeaux	16 °C
Älterer Bordeaux	20 °C
Burgunder	18 °C
Cuvée-Sekt, -Champagner und -Crémant	8–10 °C
Leichter Sekt	4–7 °C

Dinner wieder zur Ruhe kommen. Die aufgewirbelten Senkstoffe haben dann noch lange genug Zeit, um sich wieder abzusetzen.

Lagerung: Optimal lagern Sie Ihren Wein im kühlen, dunklen Keller. Dies gilt besonders für eine längere Lagerung, denn Lichteinfall schädigt den Wein enorm und kann ihn im ungünstigsten Fall völlig ungenießbar machen. Wein wird liegend richtig gelagert, denn nur so lässt sich verhindern, dass der Korken austrocknet und Luft an den Wein dringt. Luft führt zur unerwünschten Oxidation des Weines.
Auch wenn kein Keller zur Verfügung steht, sollten Sie die Flaschen dunkel und liegend aufbewahren und darauf achten, dass eine konstante Temperatur vorherrscht.

Trinktemperatur: Nicht nur Jahrgang, Rebsorte und Fasslagerung bestimmen den Geschmack des Weines – sehr wichtig ist auch die Trinktemperatur. Sie kann sein Bouquet zur vollkommenen Entfaltung bringen, aber auch deutlich beeinträchtigen! Generell gilt, dass Rotweine wärmer getrunken werden als Weißweine und Sekterzeugnisse. Die genauen Temperaturen entnehmen Sie der Tabelle auf der linken Seite. Doch wie bestimmt man die exakte Temperatur?

Bestimmung der Trinktemperatur: Ein Fieberthermometer erfüllt seinen Zweck, ist aber unprofessionell. Hilfreich ist in jedem Fall ein Weinthermometer, das wie eine Manschette um den Flaschenbauch gelegt wird und die Temperatur misst.

Was ist eigentlich …

Das kleine »Was ist was« des Wein, Sekt- und Champagnertrinkens

… eine Cuvée?
Der Ausdruck »cuvée« bezeichnet die erste Pressung der Weintrauben. Beste Häuser verwenden nur diese, andere auch den Most der zweiten und dritten Pressung.

… eine Assemblage?
Dies ist der Verschnitt verschiedener Weine, Jahrgänge und Lagen, so dass der neue Champagner exakt denselben Geschmack hat wie der alte. Böse Zungen nennen es Panschen, aber in Wahrheit ist die Herstellung einer Assemblage höchste Kunst, denn sie erfordert viel Wissen und Weitblick dafür, wie sich die Weine in den nächsten Jahren miteinander zu einem harmonischen Ganzen entwickeln werden.

… ein Jahrgang?
Ist die Witterung eines Jahres besonders günstig und bringt sehr gute Weintrauben hervor, wird aus ihnen Jahrgangswein, -champagner oder -port hergestellt. Jahrgänge stehen qualitativ über den einfachen Weinen, sind lagerungsfähiger und die Visitenkarten der Weingüter.

… der Unterschied zwischen Crémant, Champagner und Sekt?
Nur Schaumweine, deren Beeren aus der Champagne stammen, und die nach der »méthode champagnoise« hergestellt werden, dürfen sich Champagner nennen. Hierbei erfolgt nach der Fasslagerung eine zweite Gärung in der Flasche: die so genannte Flaschengärung. Die »méthode champagnoise« wird bisweilen auch »méthode traditionelle« genannt.
Schaumweine aus dem Elsass, die per Flaschengärung hergestellt werden, nennt man »Crémant«. Sekt ist die deutsche Bezeichnung; allerdings sollte man auch hier auf den Aufdruck »Flaschengärung« achten – allein das spricht schon für die Qualität des Getränks.

… extra-brut, brut, sec und demi-sec?
Diese Bezeichnungen geben Auskunft über den Zuckergehalt des Champagners, Sektes, Weines oder Portweines. Sie bedeuten: extra-herb, herb, trocken und halbtrocken.

… eine Dosage?
Die Dosage ist die Zuführung von Fremdsüße in den Champagner, die in der Regel von süßen Weinen kommt. Da die Champagne so weit nördlich liegt und die Trauben so wenig natürliche Süße produzieren, ist auch der herbe Wein noch gesüßt. Die Dosage ist jedoch deutlich geringer als beim demi-sec. Übrigens: Steht auf dem Etikett »dosage zéro« bedeutet das, dass der Champagner nicht gesüßt wurde und somit sehr herb ist.

... tanninhaltig?

Tannin ist ein wasserlöslicher Gerbstoff, der in Holz, Wurzeln und Kakao, aber auch in Weintrauben vorhanden ist. In den Wein gelangt er sowohl durch die Weintrauben als auch durch eine entsprechende Eichenfasslagerung.

Typisch für Tannin ist die adstringierende, d.h. zusammenziehende, Wirkung im Mund. Bisweilen wird der Tanningehalt in schweren, vollen Rotweinen willentlich durch Eichenfasslagerung gesteigert. Bei jüngeren, leichteren Weinen dient das Dekantieren dazu, dass der Tanningehalt hinter den Fruchtton zurücktritt.

In punkto Tanningehalt lautet die gängige Regel: Lagerfähiger Wein sollte tanninhaltig, junger Wein eher fruchtig und arm an Gerbsäure sein.

... Barrique?

Barrique ist die in Mode gekommene Bezeichnung für ein Eichholzfass. Ist ein Wein also »im Barrique ausgebaut«, heißt das nichts anderes, als dass er im Eichenholzfass gelagert wurde und dadurch die Eichenholz-typischen Tannine mit auf den Weg bekommen hat.

... korkig?

Immer mal wieder passiert es, dass der Wein modrig und nach tiefstem Kellermuff schmeckt. Schuld daran sind entweder Mikroorganismen der Korkeiche oder des Korklagers, die über den Korken in den Wein gelangt sind, oder aber Keime, die bei der Verarbeitung auf anderem Wege im Wein eine wohlige Heimstatt gefunden haben. Circa 1-3 Prozent des Weins wird so ungenießbar.

Schmeckt Ihr Wein korkig, dann verschließen Sie die Flasche wieder mit dem Korken und bringen Sie sie samt Inhalt zum Weinhändler, der sie in aller Regel ohne Murren zurücknimmt.

... oxidiert?

Wenn der Korken luftdurchlässig ist und der Wein vor der Zeit mit Sauerstoff in Berührung kommt, führt dies zur Oxidation, die sowohl den Farb- als auch den Gerb- und Bouquetstoffen nicht gut bekommt.

Beim Dekantieren allerdings ist die Oxidation gewünscht, denn erst in der Verbindung mit Sauerstoff kann so mancher Wein sein volles Aroma entfalten.

Solch ein Thermometer gibt es bei vielen Weinhändlern, aber auch beim Küchenbedarf günstig zu erstehen. Allerdings ist die exakte Temperaturbestimmung auch bei einem perfekten Dinner kein Muss – eine Wissenschaft sollten Sie daraus nicht machen.

Welcher Wein zu welchem Essen? Achten Sie (und/oder Ihr Weinhändler) darauf, dass sich Wein und Speisen harmonisch kombinieren lassen und sich zu beiderseitigem Vorteil ergänzen.

Der Wein tritt niemals in Konkurrenz zum Menü. Praktisch bedeutet dies, dass man
→ zu einem süßen Dessert niemals einen trockenen, sondern immer nur einen süßen Wein,
→ zu einem leichten Essen niemals einen schweren, sondern einen ebenso leichten, jungen Wein
→ und zu einem säuerlichen Gericht einen säurehaltigen Wein reicht.

Etwas mehr ins Detail geht die Tabelle auf den folgenden Seiten.

Entkorken und Dekantieren: Damit junger Rotwein sein volles Bouquet entfalten kann, sollte er bereits 1 Stunde vor dem Servieren entkorkt werden. Bei jüngeren Weinen reicht das, um den Wein ein wenig mit Sauerstoff in Kontakt zu bringen. So kann er seine Geschmacks- und Aromastoffe auf das Beste entfalten.
Andere Bedürfnisse haben ältere, vollere Rotweine. Diese Weine sollte man ungefähr 1/2 bis 1 Stunde vor dem Servieren dekantieren, das heißt, sie in eine dafür vorgesehene, bauchige Karaffe umfüllen. Achten Sie dabei darauf, dass die abgesetzten Trübstoffe nicht mit umgefüllt werden, sondern in der Flasche verbleiben.

Spezialbehandlung von Jahrgangsport: Jahrgangsport sollte spätestens 10 Stunden vor dem Eintreffen der Gäste dekantiert werden. Manche sagen sogar, dass 24 Stunden angemessen sind. Besonders bei einem solch alten Portwein setzt sich in der Flasche einiges ab. Stellen Sie sie daher, bevor Sie sie dekantieren, einige Stunden lang aufrecht hin, so dass die Trübstoffe auf den Flaschenboden sinken können. Selbstverständlich werden diese dann nicht mit in die Karaffe umgefüllt.

Und der Gast ...

... sollte erst einmal abwarten, bis er den Wein gereicht bekommt, statt sofort danach zu fragen.
... sollte die Überlegungen, die sich der Gastgeber bei der Auswahl der Weine gemacht hat, zu schätzen wissen.
... sollte, falls ihm der Wein nicht schmeckt, seine Gesichtszüge unter Kontrolle halten und erst einmal auf Wasser umsteigen.

Welches alkoholische Getränk passt wann und wozu?

Aperitif, Gericht, Digestif ...	Das passt!	Aperitif, Gericht, Digestif ...	Das passt!
Aperitif. Er soll auf das Essen vorbereiten und den Appetit steigern	*Sekt, Champagner, Crémant, trockener Sherry, trockener Portwein, * aber auch Wermut wie Martini oder Campari * ganz klassisch: Kir Royal (Sekt mit Cassisée, einem Likör aus schwarzen Johannisbeeren)	Schalen- und Krustentiere mit mildem Fleisch wie Venusmuscheln und Scampi	* Trockene Weißweine wie ein Sauvignon Blanc oder Galestro
		Schalen- und Krustentiere mit süßlichem Fleisch wie Hummer, Jakobsmuscheln und Taschenkrebse	* Gehaltvollere Weißweine mit Restsüße wie Muskat oder Riesling, * aber auch die klassische Weißburgunder Spätlese
Gehaltvolle, fettreiche Vorspeisen wie Gänseleberpastete, geräucherter Fisch, Avocado-Gerichte, deftigere Suppen und Brühen	* Trockener Sherry, * bouquetreiche Weißweine, * leichtere, fruchtige Roséweine	Leichte Fischgerichte wie zum Beispiel eine *Forelle blau*	* Trockener, fruchtiger Riesling
Leichte, luftige Vorspeisen wie Salate, Soufflés, Schaumsüppchen	* Trockene, fruchtige Champagner * leichte, spritzige Weißweine	Gehaltvollere Fischgerichte, Gebratenes	* Gehaltvollere Weißweine mit Restsüße wie z.B. ein halbtrockener Riesling
Schweinefleisch, Pasteten, Wurstplatten	* Trockene, herbe, also ruhig auch tanninhaltige Weine	Kaviar	* Champagner ist die klassische Wahl

Aperitif, Gericht, Digestif …	Das passt!	Aperitif, Gericht, Digestif …	Das passt!
Rind- und Lammfleisch	* Würziger Rotwein wie ein Cabernet Sauvignon oder ein Merlot * aber auch ein Chianti kann gut passen	Edelpilzkäse wie Roquefort, Gorgonzola oder Stilton	* Weine mit Restsüße wie Auslesen oder auch Beerenauslesen * klassischerweise wird zum Stilton Jahrgangsport gereicht
Wild	* Kräftiger Rotwein wie ein kräftiger Pinot Noir oder ein Bordeaux	Desserts, die süß und leicht sind	* Champagner demi-sec oder * Crémant demi-sec, halbtrockener Sekt oder * eine fruchtig-liebliche Auslese
Geflügelgerichte und Kalbfleisch	* Leichter Rotwein oder vollmundiger Weißwein		
Wildvögel	* Roséwein, * aber auch ein Rotwein wie ein Pinot Noir oder ein Bordeaux. Generell: Je dunkler das Fleisch, desto kräftiger der Wein	Desserts, die süß und sahnig-gehaltvoll sind	* Dessertweine, also Weine mit einem hohen Restzuckergehalt wie Tokajer, Marsala, Madeira, süßer Port oder Sherry * Auslesen, Beerenauslesen, Eisweine oder Trockenbeerenauslesen
Hartkäse wie Parmesan oder Peccorino	* Fruchtbetonte Rotweine wie ein badischer Spätburgunder oder ein Bordeaux		
Schnittkäse wie Gouda, Appenzeller, Manchego oder Edamer	* Fruchtige Weißweine wie Silvaner oder Weißburgunder	Digestif: Er beschließt das Mahl	* Aquavit, Obstgeist, Cognac, Kräuterlikör

Rund ums Dekorieren und Anrichten

... denn das Auge isst bekanntlich mit

RUND UMS DEKORIEREN UND ANRICHTEN

Ob romantisch-verspielt, festlich-elegant, fernöstlich-minimalistisch, exotisch-farbenfroh oder klassisch-schlicht: An einem mit Stil, Fantasie und Kreativität gedeckten Tisch schmeckt das Essen gleich noch ein wenig besser.

Mehr noch: Durch Ihre Dekoration wird Ihr perfektes Dinner erst einmalig, und allein durch den schönen Rahmen wird aus einem Abendessen ein ganz besonderer Anlass. Die schöne Tischdekoration ist ein kleines Gesamtkunstwerk für sich, das aus den verschiedensten Elementen besteht. Da sind zu nennen:

→ das Licht (Kerzen oder indirekte Beleuchtung),
→ das Geschirr, Besteck und die Gläser,
→ die Tischwäsche,
→ die Platzkärtchen,
→ reine Dekorationsutensilien wie Perlen und Stoffe
→ und, nicht zu vergessen, der Blumenschmuck.

Allerdings kann man mit einem Zuviel an Dekoration auch viel falsch machen. Von einem völlig zugestellten Tisch, auf dem man kaum noch sein Essen findet, ist jedenfalls genauso abzuraten wie von zu viel funktionslosem »Schnickschnack«. Es lässt sich festhalten:

Schöne Gebrauchsgegenstände und überhaupt alles, was eine Funktion hat, ist gut. Die Gefahr einer »dekorativen Entgleisung« droht immer nur dem, der die praktische Seite der Dekoration aus dem Auge verliert.

Wenn Sie also wieder einmal auf den Flohmarkt kommen, dann halten Sie eher Ausschau nach ausgefallenen Gebrauchsgegenständen wie alten Milchkännchen, alten Tellern oder wunderschön geschliffenen Gläsern. Unnützes, was Sie auf der Festtafel sowieso nicht unterkriegen, bleibt beim Händler.

Den passenden Rahmen schaffen

Bei dieser Aufgabe entscheidet in erster Linie natürlich Ihr Geschmack. Bevor Sie sich auf die Suche nach schmückendem Beiwerk machen, betrachten Sie jedoch erst einmal mit nüchternem Blick den Raum, in dem das Essen stattfinden soll.
- → Ist er eher karg eingerichtet? Überbordend oder elegant?
- → Oder soll das Essen in Ihrer eher praktischen und gemütlichen Küche stattfinden?

In »Das perfekte Dinner« konnte man schon die schönsten Dekorationen bewundern, die wunderbar in den gesamten Raum integriert waren. Bisweilen aber gab es auch kleinere Fehlgriffe, vor denen Sie bewahrt werden sollen …

Der Raum, in dem das Essen stattfinden soll, ist eher karg und puristisch – dann sollte auch der Esstisch niemals überladen sein. Achten Sie allerdings in diesem Fall besonders darauf, trotz klarer Form und minimalistischer Ästhetik auch bunte Akzente zu setzen – zum Beispiel durch erlesene Blüten oder bunte Gläser.
Solche farbigen Akzente unterstreichen die persönliche und warme Note, die unerlässlich dafür ist, dass die Gäste sich wohlfühlen. Gleichzeitig bleibt Ihre »dekorative« Grundhaltung gewahrt: Nichts wirkt überladen, alles ist klar und luftig – aber eben nicht mehr streng.

Die Umgebung ist bereits überbordend voll mit Schnickschnack aller Art – dann sollten Sie bei der Tischdekoration verstärkt darauf achten, dass der Tisch nicht zu überladen und unruhig wirkt. Hier bietet sich ein einzelnes Blumenarrangement eher an als viele verschiedene Blüten in separaten Gefäßen. Auch für das Kerzenlicht gilt: Lieber ein einzelner Kerzenleuchter als verschiedene Lichtquellen. Und mit der Dekoration in Form von Tüll oder verschiedenen Läufern sollte man bei einer opulenten Umgebung ebenfalls vorsichtig sein.

Die elegante Umgebung – ein Idealfall. Sie bietet die größten Möglichkeiten für die Tischdekoration: von elegant-schlicht bis romantisch-verspielt, aber auch puristisch-klar können Sie Ihren Wünschen freien Lauf lassen.
Trauen Sie sich in diesem Fall ruhig, den ganzen Raum in das Konzept mit einzubeziehen. Das muss

RUND UMS DEKORIEREN UND ANRICHTEN

Tisch en détail

Tischdecke, Platzsets, Platzteller? Oder doch lieber gar nichts … ? Es muss nicht immer die Tischdecke oder ein Platzset sein. Wenn Sie einen schönen alten Holztisch besitzen, können Sie es ruhig einmal wagen, auf Unterlagen dieser Art komplett zu verzichten. Mit edlen Damastservietten, funkelnden Kristallgläsern und feinem Silber wird so ein Tisch zu einer ebenso festlichen wie rustikal-gemütlichen Tafel – eben zu etwas ganz Besonderem.

nicht exzessiv geschehen – Sie können einfach dieselben Blumen im Raum verteilen, die auch auf dem Tisch stehen, oder dieselben farbigen Akzente setzen, die Sie auch bei der Tischwäsche verwenden.

Tischdecken und Läufer: Nicht jedermann verfügt über einen schönen Holztisch. Dann sind Tischdecken immer eine gute Wahl. Weiß-elegant oder in orientalischen Gewürzfarben leuchtend-bunt – die Auswahl ist schier grenzenlos. Wer mag, kann mit einem Tischläufer noch zusätzlich farbige Akzente setzen. Auch dunkle Farben sind für ein elegantes Abendessen möglich. Hier gilt der Grundsatz:

→ Je eleganter ein Essen und je später es stattfindet, desto aufwändiger, erlesener und dunkler dürfen die Stoffe sein.

Die Qual der Wahl

Immer schön der Reihe nach: Bevor Sie damit beginnen, eine aufkeimende Dekorationsidee in die Tat umzusetzen, sollten Sie erst einmal eine Bestandsaufnahme der gesamten restlichen Wohnung machen:
→ Was haben Sie bereits?
→ Sind Sie schon durch ein bestimmtes Motto auf einen Kulturkreis oder eine Epoche festgelegt?

Die Checkliste auf der folgenden Seite soll Ihnen bei der Bestandsaufnahme helfen.

Wer nicht die ideale Tischdecke im Schrank hat, wird vielleicht in einem Stoffladen fündig, zum Beispiel bei Wildseide oder edlem Leinen (gibt es auch mal im Angebot). Kaufen Sie dann direkt ein bisschen mehr Stoff.

65

CHECKLISTE 9

Was habe ich, was will ich?

1. Wie ist die restliche Wohnung gestaltet? Opulent oder puristisch?
2. Wie viele Gläser für Rot- und Weißwein sind vorhanden?
3. Wie viele verschiedene Wassergläser?
4. Wie viele verschiedene Teller?
5. Wie viel verschiedenes Besteck?
6. Kerzenleuchter alt?
7. Kerzenleuchter modern?
8. Tischdecke?
9. Tischsets oder Platzteller?
10. Sind schöne Einzelstücke vorhanden, z.B. seltene Gläser oder Glasschälchen?
11. Gibt es Serviettenringe?
12. Gibt es ein Motto?

Sie können daraus passende Servietten schneidern oder schneidern lassen.

Platzsets und Platzteller: Wer keine Tischdecken mag, kann über Platzsets oder auch Platzteller nachdenken.
Platzsets werden immer beliebter. Man bekommt sie in nahezu allen Materialien von seidig bis robust – oder man macht sie einfach selbst. Auch große, dekorative Bananenblätter können als Platzset dienen.
Platzteller dagegen sind etwas aus der Mode gekommen, was vielleicht daran liegt, dass ihre Verwendung unter dem Teller bisweilen zu einer unerwünschten Geräuschentwicklung führt. Das wirkt dann unfreiwillig komisch und irritiert die Gäste beim Schneiden. Testen Sie es aus – im Fall von unerwünschtem Klappern sollten Sie auf die Platzteller verzichten.

Bei Platzproblemen: Sowohl Platzsets als auch Platzteller schonen die Tischplatte, markieren einen Sitzplatz und können sehr elegant die übrige Dekoration unterstreichen. Wer allerdings Platz sparend decken muss, sollte Platzsets nicht verwenden. In der Regel sind sie 60 cm lang – und von einem Platzset zum nächsten sollte noch ein Mindestabstand von ungefähr 15 cm eingehalten werden. Besser ist es in diesem Fall, mit Platztellern zu decken – oder auf beides zu verzichten und einfach das Besteck als Begrenzung zu legen.

Stoffservietten – immer etwas ganz Besonderes

Im Alltag benutzen wir alle Papierservietten – und wenn die ausgegangen sind, greifen wir auch schon mal zur Küchenrolle. Bei einem perfekten Dinner sollte es da schon etwas edler zugehen. Hier gilt der Griff zur Stoffserviette als die einzig richtige Wahl. Nur, was tun damit?

Kniff und Falte oder Ring? Servietten lassen sich zwar aufs Raffinierteste falten, aber das muss gar nicht sein. Große, weiße, einfach gefaltete Leinenservietten können ebenso wirkungsvoll sein. Immer schön sind auch Servietten, die in einem ausgefallenen Serviettenring stecken. Der muss nicht gekauft sein, denn beim Serviettenring kann alles, was dekorativ ist, zum Einsatz kommen: Verschiedene Samt-, Satin- oder Perlenbänder, sogar Haargummis mit Blüte oder Efeuranken können eine Serviette

RUND UMS DEKORIEREN UND ANRICHTEN

zusammenhalten und ein ganz besonderes Highlight setzen.
Natürlich können auch klassische Serviettenringe elegant bis verspielt dekoriert werden. Wenn man zum Beispiel eine erlesene Rose, die zur übrigen Tischdeko passt, durch den Ring schiebt, wird durch diesen eleganten und liebevoll dekorierten Auftritt eine große Wirkung erzielt.

Eine andere Möglichkeit: Wickeln Sie die Servietten um das Besteck, legen Sie es über die Stuhllehne oder stecken Sie es dekorativ in ein Glas.
Wenn Sie allerdings ganz klassisch decken wollen, dann sollten Sie die Serviette gefaltet links neben den Teller legen. Denn: Kunstvoll gefaltete Servietten erfreuen nur manche Menschen. Viele finden die Vorstellung der »Handarbeit«, des langen Faltens, eher unappetitlich.

Kleiner Aufwand, große Wirkung: Platzkärtchen

Platzkärtchen geben jedem Gast sofort das Gefühl besonderer Wertschätzung. Wer ganz wenig Zeit hat, kann sich mit einem quadratischen Pappkärtchen behelfen. Wer etwas mehr Zeit investieren kann, für den dürfte bei den folgenden Vorschlägen etwas Passendes dabei sein.

Platzkärtchen aus Papier: Das Papier der Platzkärtchen sollte natürlich zur übrigen Dekoration passen. Lassen Sie sich einfach in einem gut sortierten Schreibwarengeschäft oder Bastelladen inspirieren.

Platzkärtchen al gusto

Schiefer als Platzkärtchen	Einfach Schieferstückchen beim Steinmetz abholen und mit wasserfestem Stift bzw. Lackstift den Namen daraufschreiben!
Treibholzstücke als Platzkärtchen	Beim nächsten Spaziergang mal darauf achten und hübsche, blanke Holzexemplare mitnehmen!
Platzkärtchen in Form einer Fahne	Einfach Papier auf einen langen Holzspieß kleben, passend zuschneiden, mit Namen versehen und in ein Glas stellen. Verspieltere Zeitgenossen basteln kleine Schiffchen aus Papier.
Platzkärtchen an den Serviettenringen oder den Stuhllehnen	Kaufen Sie eine hübsche, farblich passende Kordel oder Tüll und binden Sie das Platzkärtchen einfach an den Serviettenring oder die jeweilige Stuhllehne.

Von handgeschöpftem Büttenpapier mit eingeschlossenen Blüten für den romantischen Tisch bis hin zu leuchtendem Pink und Gold für die indische oder orientalische Tafel ist alles zu haben – nebst besonderer Stifte, wie zum Beispiel einem goldenen Lackstift.

Originell statt formell: Mut bei Porzellan, Gläsern und Besteck

Heutzutage spricht überhaupt nichts mehr dagegen, dem gedeckten Tisch durch einen Mustermix eine persönliche Note zu verleihen.

»Mustermix«-Prinzip. Gläser, Flaschen, Karaffen und Krüge lassen sich aber auch bei der Tischdekoration vielfältig verwenden. Schöne Einzelstücke eignen sich als Vasen oder als Behältnis für Schwimmkerzen. Besonders schön als kleine Vasen sind bunte, marokkanische Teegläser – die haben zudem auch den Vorteil, dass sich die Gäste auch immer noch gut über den Strauß hinweg anschauen können. Ein ganz toller Blickfang kann eine schöne geschliffene Karaffe sein, in der der Rotwein dekantiert wird. Karaffen eignen sich aber auch sehr gut als Blumenvasen für einzelne elegante Blumen.

Besteck: Silber ist nicht immer ein Muss. Durch

Essgeschirr: Man kann durchaus eine karierte Tischdecke mit Blümchentellern kombinieren, wenn die Farben miteinander harmonieren. Eintönigkeit ist jedenfalls endgültig passé. Das Essgeschirr muss nicht einmal mehr durchgängig aus Porzellan sein. Auch Holz oder Glas setzt schöne Akzente. Immer gilt jedoch: Alles muss blitzen, blinken und blank sein.

Gläser: Für die Gläser gilt natürlich ebenso das

die gelungene Präsentation erreichen Sie auch mit einfachem Handwerkszeug große Wirkung. Blank und glänzend allerdings sollte es immer sein, denn kaum etwas stört das Essvergnügen mehr als ein stumpfes Messer mit Wasser- und Altersflecken. Wer nicht formell decken möchte, kann das Besteck zusammenbinden, zum Beispiel mit Blumen, Perlenschnur, Satinband – oder auch mit Kunst-Schmetterlingen aus dem Bastelladen, was eine exotische, filigrane und verspielte Atmosphäre schafft. Für eine festliche Weihnachts- oder Adventstafel können Sie mit kleinen Kugeln experimentieren, die mit Samtbändern an den Bestecken befestigt werden.

Licht – ein wichtiger Begleiter

Das Licht ist eine sehr wichtige Komponente bei der Dekoration. Licht kann eine behagliche Atmosphäre schaffen oder, im Gegenteil, alles Unschöne unvorteilhaft ausleuchten. Es lohnt sich daher in jedem Fall, vor dem Dinner die Lichtverhältnisse zu optimieren. Es gilt als Regel:

→ Es darf nicht zu dunkel sein. Schließlich wollen die Gäste sehen, was sie auf dem Teller haben.
→ Es darf aber auch nicht zu hell sein, denn schließlich will niemand sein Steak operieren, sondern es genießen.

Besonders bei den Lichtverhältnissen sollten Sie den gesamten Raum mit einbeziehen – und das bevorzugt mit Kerzen. Kerzenlicht wirkt privat, romantisch und elegant und gehört zumindest auf den Tisch. Doch Vorsicht: Zu große Kerzenständer in der Mitte des Tisches, die die Sicht versperren, sind auf einem kleinen Beistelltisch oder einem Sideboard besser platziert – egal, wie schön sie sind.

Beleuchtungsvarianten: Probieren Sie ruhig einmal auch die extrem günstigen Varianten aus! Die Rede ist natürlich von kleinen Teelichtern.

→ Teelichter können Sie in viele Gläser stellen. Sie tauchen den Raum in ein sanftes und doch festliches Licht. Außerdem lassen sie sich problemlos im Raum verteilen.
→ Auch Schwimmkerzen sind eine Überlegung wert. Sie wirken verspielt bis elegant, immer allerdings ruhig. Als Seerosen passen sie wunderbar in ein exotisches Menü, rund, weiß und in eleganten Steinschalen untergebracht, sind sie auch bei einer festlich-eleganten oder puristischen Dekoration eine tolle Alternative zu den klassischen Kerzen.
→ Statt vieler kleinerer Kerzen (die auch in grobem Salz, Sand oder Kieselsteinen stehen können) kann man auch einmal eine dicke Kerze nehmen, die, von exotischen Blüten umkränzt, ein toller Hingucker ist.

Dekoration pur

Bis jetzt hatte alles, was hier vorgestellt wurde, eine Funktion: Sei es der Verweis auf einen Platz, die Gestaltung des Gedeckes oder die freundliche, stimmungsvolle Beleuchtung. Doch wahres Können drückt sich durch Dekorationen aus, die zusätzlich wohldosiert eingesetzt werden.

Auch hier gilt wieder: Mut zum Mix! Mit einem stimmungsvollen Mix aus ganz unterschiedlichen Dingen, Farben, Materialien und Formen kann man originelle und einzigartige Effekte erzielen. Reines Dekorationszubehör wie Steine, Bänder, Muscheln oder Glitter sind dann das Tüpfelchen auf dem i. Folgendes können Sie verwenden ...

→ Glitterpartikel aus dem Bastelladen
→ Sand
→ Steine
→ Tüll
→ Perlen
→ Dekosteinchen
→ Auf dem Tisch liegende Spiegel
→ Und natürlich ... Blüten

Lasst Blumen sprechen: Bei der Wahl der Blüten sollte man sich davon leiten lassen, ob die Blüten in Farbe und Form mit der Umgebung harmonieren.

→ Einzelne Blütenblätter, auf dem Tisch verstreut, können sehr romantisch wirken, ebenso wie kleine Sträußchen, die in ungewöhnlichen Gefäßen (zum Beispiel marokkanischen Teegläsern, antiken Kelchen) stecken.
→ Auch schwimmende Blüten sind eine schöne Alternative zu klassischen Blumenarragements in der Mitte des Tisches. Je nach Umgebung allerdings können viele verschiedene kleine Sträußchen auch zu unruhig wirken.

Ebenso wie beim Kerzenständer sollte man auch beim Blumenarrangement darauf achten, dass die Sicht der Gäste nicht eingeschränkt wird: Nicht jeder mag es, ständig »durch die Blume zu sprechen«. Und noch etwas gilt es zu vermeiden: Die Beeinträchtigung der Gäste durch zu intensiven Blumen-

Blumen, die nicht oder nur wenig duften

Frühjahr	Manche Pfingstrosen, Vergissmeinnicht
Sommer	Viele Wiesenblumen, Glockenblumen, Löwenmäulchen, Rittersporn
Herbst	Dahlien
Winter bzw. das ganze Jahr	Viele Rosen, Gerbera, Nelken, Mohn, natürlich alle Blätter
Und ganz wichtig:	... Orchideen, die immer etwas ganz Besonderes sind.

Das macht was her – kleine schöne Extras fürs Auge

* Verzieren Sie das Aperitifglas mit einem dekorativen Zuckerrand. Benetzen Sie den Rand dafür erst mit Zitronensaft und tauchen Sie das Glas anschließend in groben Zucker.
* Frieren Sie essbare Blütenblätter in Eiswürfel ein. Das gibt Drinks aller Art eine exotisch-elegante Note.
* Transparenz erlaubt appetitanregende Einblicke: In großen Weingläsern lassen sich zum Beispiel sehr schön diverse Desserts arrangieren. Besonders gut zur Geltung kommen natürlich farbige Desserts wie Fruchtsalat und Fruchtmousse, aber auch geschichtete Desserts wie zum Beispiel ein Erdbeer-Tiramisu.

duft. Ein üppiger Strauß von Lilien kann die ganze Wohnung verpesten, einmal abgesehen davon, dass viele Menschen auf starke Pflanzengerüche allergisch reagieren …

Machen Sie also den Seh- und Geruchstest: Zu hoch dürfen die Sträuße nicht sein, zu stark dürfen sie auf keinen Fall duften … sonst erreichen Sie die Sinne Ihrer Gäste nicht dort, wo es gewünscht ist. Denn schließlich beeinflusst auch der Geruch den Geschmack des Essens. Wenn der allerdings alles überlagert, ist der Genuss nur noch halb so groß.

Es ist angerichtet!
Zum Schluss noch ein Wort zum Anrichten der Gänge. Manche Speisen sehen schon ohne weiteres Zutun toll aus (zum Beispiel gefüllte Zucchiniblüten, die Sie im Rezeptteil auf S. 101 finden werden). Andere Speisen machen optisch einfach nicht so viel her, wie beispielsweise eine Kartoffelsuppe. Hier muss man der Optik ein wenig nachhelfen.

Die goldene Mitte zwischen Opulenz und Übersichtlichkeit:
Aus jeder Speise lässt sich durch schönes Anrichten das Optimum herausholen – ohne Zauberei, denn es gilt lediglich, vier einfache Regeln zu beachten:
1. Niemals den Teller zu voll laden: Nachschlag kann es immer noch geben!
2. Niemals die Speisen in zu viel Sauce ertränken!
3. Symmetrie ist langweilig. Schichten Sie kreativ über- und nebeneinander!
4. Setzen Sie mit einer Blüte, mit Kräutern oder mit Zitronen- oder Orangenscheiben Akzente.

Konkrete Vorschläge zum Deko-Wunsch

Dekorationswunsch	Farbausrichtung	Utensilien
Maritim	Die Farben des Meeres, von Blau über Weiß und Grau bis Grün – als Kontrast leuchtendes Weiß Bunte Akzente setzt man mit Plastik-Fischchen in allen möglichen Farben	* Sand, Treibgut, Muscheln, Seesterne, Deko-Seepferdchen und natürlich schwimmende Kerzen * Namenskärtchen als Flaschenpost verpacken oder als Giveaway * Vorschlag: Danziger Goldwasser, Küstennebel oder süße Belgische Meeresfrüchte und Möweneier aus Zucker * Die lustige, farbenfrohe Variante: Plastikfischchen zum Aufziehen für die Badewanne aus der Spielzeugabteilung
Rustikal	Alle Naturtöne von Dunkelbraun bis Orange. Reines Weiß als Kontrast oder aber ganz vermeiden und eine cremefarbene Tischdecke benutzen	* Hier besser nur ein Blumengesteck als viele einzelne Blüten * Keine Origami-Kunst bei den Servietten * Ansonsten schlicht, ohne Platzteller. Besser sind auch »normale Kerzen« statt Teelichter * Einfache Namenskärtchen

Dekorationswunsch	Farbausrichtung	Utensilien
Romantisch	Alle Pastelltöne von Zartrosé über Hellblau bis Veilchenviolett, als Kontrastfarbe: strahlendes Weiß	* Blütenblätter, bunte, edle Gläser, Wald- und Wiesenblumen * Perlen, Schmetterlinge * viele einzelne, scheinbar lose verstreute Lichtquellen * Blätter, Blüten, auch Federn * Verschiedene Blütenmuster beim Geschirr, Sternenstaub auf dem Tisch * Namenskärtchen an einer Blüte oder in einem Ministräußchen, das als Give-away dient
Elegant	Weiß als Grundfarbe, als Kontrast ruhig einmal dunkle Farben	* Edle Stoffe, klare Formen, wer mag: aufwändige Serviettenkunst * Auch hier: besser nur ein Blumenarrangement auf dem Tisch und einzelne Rosen an den Servietten befestigen * Namenskärtchen: klassisch-schlicht auf der Menükarte oder auf weißem Büttenpapier

Dekorationswunsch	Farbausrichtung	Utensilien
Asiatisch	Naturtöne, besonders dunkles Braun und Grün	* Weniger ist mehr! Einzelne schwimmende Kerzen und Orchideen als Tischschmuck genügen * Wer mag, kann noch Bananenblätter arrangieren
Orientalisch	Alle Gewürzfarben von Safrangelb bis Chilirot, aber auch Auberginenlila sowie Gold oder Silber	* Silberne Einzelstücke, Kordeln, Deko-Quasten, bunte Glassteine, ganze Muskatnüsse * Blumen: Arrangements mit Minze in marokkanischen Teegläsern * Als Give-away: Gewürzsäckchen mit Namen
Mediterran	Klare, reine Farben, kein Pastell. Also natürlich das italienische Rot, Weiß und Grün, aber auch Blau und Naturbraun	* Auch hier ist weniger mehr: schöne Einzelstücke aus Olivenbaum-Holz, schöne Öl- und Essigkännchen, typische mediterrane Kräuter wie Rosmarin – doch Vorsicht mit dem Geruch! * Als Give-away: kleine Ölfläschchen mit Namenskärtchen um den Flaschenhals oder ein Glas selbst gemachte Oliventapenade

Die Gäste kommen

Gut zu wissen: wichtige »W's« der Gastgeberkunst

DIE GÄSTE KOMMEN

Nun atmen Sie erst einmal tief durch ... es ist ja bereits eine ganze Menge geschafft: Sie haben geplant und organisiert, getüftelt und vorbereitet, dekoriert und umgeräumt, eingekauft und angerichtet – und nun endlich ist es so weit. In einer halben Stunde kommen die Gäste!

Wahrscheinlich nutzen Sie die Zeit, um noch einmal in den Spiegel zu blicken und die kleinen Schweißperlen von der Stirn zu wischen, noch einmal mit dem Kamm durch die Haare zu fahren und zu schauen, ob Ihre Garderobe gut sitzt. Ach, Sie haben noch die Schürze umgebunden und die alten Jeans an, die beim Kochen ruhig schmutzig werden können? Höchste Zeit, sich was Frisches anzuziehen und auch die Hausschuhe gegen richtige Schuhe einzutauschen. Schließlich sollen ja nicht nur der Tisch und das Essen gut aussehen ...

Wenn das erledigt ist und ein letzter Blick Tisch und Herd gilt, dann kann es auch schon an der Tür klingeln: Der erste Gast kommt die Treppe herauf. Was nun weiter zu tun ist, was Sie mit den Geschenken machen und, vor allem, mit den Gästen, wo Sie Jacken und Mäntel unterbringen und wie Sie sich bei Tisch verhalten – darum geht es auf den folgenden Seiten.

Wohin mit ...

... den Gastgeschenken?

Mit Gastgeschenken müssen Sie einfach rechnen. Daher ist es immer vorteilhaft, wenn auf dem Sideboard etwas Platz frei ist und in der Küche die eine oder andere Blumenvase parat steht. So kommen Sie nicht in Verlegenheit, und der Gast weiß, dass sein Geschenk gewürdigt wird.
→   Nehmen Sie also zuerst das Gastgeschenk entgegen und bedanken Sie sich,
→   legen Sie es dann beiseite und nehmen Sie dem Gast seine Garderobe ab.
→   Führen Sie Ihren Gast anschließend in das Zimmer, in dem der Aperitif eingenommen wird,
→   stellen Sie ihn eventuell bereits anwesenden Gästen vor, schenken Sie ihm ein Glas ein
→   und kümmern Sie sich dann um die Blumen oder das Geschenk.

Die Blumen stecken Sie einfach in eine Vase, das Geschenk packen Sie aus. Das alles dauert in der Regel nicht länger als 5 Minuten – so lange halten es auch die empfindlichsten Blumen ohne Vase aus. Kommen mehrere Gäste auf einmal, können Sie genauso vorgehen.

... den Mänteln?

Am besten schaffen Sie bereits im Vorfeld Platz an der Garderobe: Räumen Sie am Tag der Einladung ein paar Ihrer Jacken oder Mäntel in einen anderen Schrank und achten Sie darauf, dass genügend freie Kleiderbügel an der Garderobe hängen. Ansonsten kann bereits in diesem Moment ein Anflug von Stress entstehen.
Besonders, wenn mehrere Gäste auf einmal kommen, werden Sie froh sein, wenn Sie am Tag der Einladung so viel Weitsicht bewiesen haben, dass die Garderobenfrage keine Probleme mehr mit sich bringt.

Wie stellt man die Gäste einander vor?

Vorbei sind die Zeiten, in denen es ausschließlich einer dritten Person vorbehalten war, zwei Unbekannte einander vorzustellen. Heutzutage spricht nichts mehr dagegen, wenn sich Unbekannte auch selbst miteinander bekannt machen. Allerdings: In Ihrer privaten Umgebung sollten Sie als perfekter Gastgeber dafür sorgen, dass die ersten Hemmschwellen überwunden werden und Sie diesen Part des Abends übernehmen.
Da Sie bei der Erstellung der Gästeliste sicher darauf geachtet haben, dass sich die Gäste etwas zu sagen haben, können Sie als Gastgeber auch auf Gemeinsamkeiten hinweisen oder eine interessante Anekdote zu der betreffenden Person erzählen.
Bevor Sie das Menü am Tisch eröffnen, ist es immer anzuraten, die Gäste erst einmal ankommen zu lassen und den Aperitif im Stehen einzunehmen (wenn Sie eine Bar haben, dann ist natürlich auch diese dafür geeignet). Dann können sich Ihre Gäste ganz frei bewegen und sich auch ein wenig in der Wohnung umsehen.

Wenn Sie Appetithäppchen reichen wollen, sollten Sie darauf achten, dass der Tisch, auf dem die Häppchen stehen, nicht zu niedrig ist. Ideal für die Präsentation der Häppchen ist
→ ein kleiner Beistelltisch,
→ ein hübscher Servierwagen oder auch
→ ein ausgeliehener Stehtisch, der mit einer schönen Tischdecke, Blumen und Kerzen überhaupt nicht mehr schlicht aussehen muss.

In welcher Reihenfolge wird bewirtet?

Die Reihenfolge des Servierens wurde bereits im »Servier-Knigge« im zweiten Kapitel (siehe S. 50–52) ausführlich erläutert. An dieser Stelle sei daher nur noch einmal in Kurzfassung erwähnt:
→ Immer die Damen vor den Herren
→ bei beiden Geschlechtern jeweils der oder die

→ Ranghöchste oder Älteste zuerst zum Schluss der Gastgeber oder die Gastgeberin.

Was tun, wenn die Unterhaltung nicht in Schwung kommt?

Haben Sie jeden Gast persönlich begrüßt, ihm einen Aperitif gereicht, mit ihm ein paar Worte gewechselt und ihn den anderen Gästen vorgestellt? Haben Sie für eine stimmungsvolle Lichtkulisse gesorgt, und im Hintergrund läuft Musik? **Apropos Musik:** Achten Sie darauf, dass die Musik zwar hörbar, aber nicht zu laut ist und außerdem Ihren Gästen zumindest nicht missfällt. Hier soll keine Werbung für langweilige Flughafen-Lounge-Untermalung gemacht werden – aber zwischen experimentellem Free Jazz und Kaufhausmusik gibt es bekanntlich vieles, was sich als musikalische Untermalung für ein erlesenes Abendessen anbietet. Gerade wenn die Gespräche bei Tisch mal ins Stocken kommen, werden Sie froh sein, eine schöne Hintergrundmusik ausgewählt zu haben, denn dadurch wird aus einer ganz normalen Gesprächspause nicht so schnell ein bedrückendes Schweigen.

Haben Sie bei der Gästeliste darauf geachtet, dass sich die Gäste etwas zu sagen haben?

Wenn Sie all diese Fragen mit »Ja« beantworten können, dann haben Sie alles richtig gemacht. Sie haben Ihren Teil geleistet – nun sind Ihre Gäste am Zug! Schließlich sind Sie nicht allein für das Ge- oder Misslingen Ihres Dinners verantwortlich ...

Die Sache mit dem Wein ...

Wie oft ist Ihnen bei »Das perfekte Dinner« aufgefallen, dass die Gastgeber im Eifer des Gefechts den Wein vergessen haben? Bestimmt sehr oft! Nur allzu leicht kann es passieren, dass man – vertieft in eine angeregte Unterhaltung oder die Zubereitung des Essens – gar nicht bemerkt, wenn die Gäste keinen Wein mehr im Glas haben oder die Weingläser sogar völlig ungenutzt geblieben sind.

DIE GÄSTE KOMMEN

Und der Gast …

… sollte pünktlich sein. Wer zu einem Dinner eingeladen ist und eine halbe Stunde zu spät erscheint, erweist sich als ausgesprochen unhöflich.

… sollte ein Gastgeschenk mitbringen. Solch eine Aufmerksamkeit ist immer eine Würdigung des Gastgebers und einfach eine nette Geste. Aber Vorsicht: zu protzig sollte es niemals ausfallen! Hier gilt: Weniger ist mehr – das kann ein Blumenstrauß sein, ein leckerer Essig, ein gutes Öl oder eine andere Kleinigkeit.

… sollte sich von seinem Platz erheben, wenn ihm jemand vorgestellt wird. Dies gilt sowohl für Männer als auch für Frauen.

… sollte seinen Aperitif abstellen, wenn der Gastgeber zu Tisch bittet, und zügig der Aufforderung nachkommen.

… sollte niemals das Gesicht verziehen, wenn ihm das Essen nicht schmeckt und generell auf Kritik verzichten. Die ist in diesem Fall nicht angebracht – schließlich hat sich der Gastgeber viel Mühe gegeben. Etwas anderes ist das in einer lockeren Kochrunde unter Freunden. Hier kann Kritik sogar erwünscht sein.

… sollte das Essen loben, wenn es ihm schmeckt. Besonders erfreulich ist ein Kompliment, wenn sich der Gast nicht auf die Aussage »Das ist lecker!« beschränkt, sondern etwas genauer formuliert, warum er von dem Gang so angetan ist. Ein gelungenes Beispiel wäre: »Das Essen schmeckt sehr gut. Das Fleisch ist wunderbar zart, die fruchtige Himbeersauce passt hervorragend dazu! Großes Kompliment!«

… sollte seinen Teil zum gelungenen Abend beitragen: Sorgen Sie durch Ihre Kommunikationsbereitschaft und Ihr offenes Auftreten dafür, dass der Abend ein Erfolg wird und sich niemand ausgeschlossen fühlt.

… ruft am nächsten Tag an und bedankt sich für den wunderbaren Abend!

Dieser weintechnische Fauxpas passiert natürlich demjenigen am häufigsten, der sich einfach nicht so viel aus Wein macht und das Getränk beim Essen nicht vermisst. Aber auch ausgemachten Weinfreunden kann vor lauter Aufregung schon mal der Überblick darüber abhanden kommen, wer wie viel im Glas hat und ob zum nächsten Gang nicht eigentlich ein ganz anderer Wein gedacht war.

Schreiben Sie sich deshalb unbedingt einen Notizzettel, der Sie an den Wein erinnert, und hängen Sie sich diesen gut sichtbar an die Dunstabzugshaube, den Kühlschrank oder die Küchentür! Denn wenn Sie sich schon Gedanken gemacht haben, welcher Wein zu welchem Gang passt, dann wäre es doch schade, diesen in der Folge einfach zu vergessen.
Falls Ihnen ein Zettel mit der Aufschrift »Achtung: Nicht den Wein vergessen!« zu peinlich ist, tut es auch die Fotografie einer Weinflasche oder ein anderer sprichwörtlicher Knoten im Taschentuch, der Ihnen auf die Sprünge hilft.

Wann gibt's Essen? – Feintuning für das Menü

In Ihrem internen Küchenplan sollten Sie ungefähr eine halbe Stunde nach dem Eintreffen der Gäste die Vorspeise einplanen. Zuvor haben bereits ein Aperitif und eventuell ein Amuse-Gueule die Laune gehalten bzw. gehoben.
Solch ein Amuse-Gueule (auf gut deutsch: Appetithappen) ist eine prima Sache: Gäste, die sehr hungrig sind, haben schon mal eine Kleinigkeit gegen das ärgste Magenknurren, alle anderen haben das Gefühl, willkommen zu sein. Das Resultat: Die Gäste fühlen sich wohl – und Sie stehen nicht unter allzu großem Zeitdruck.
Als Faustregel können Sie für jeden Gang – ausgenommen das Dessert – inklusive Abräumen und Auftragen 20 bis 30 Minuten rechnen. Das macht vor dem Hauptgang also 40 bis 60 Minuten für Amuse-Gueule und Vorspeise.

Damit Sie Ihr Programm im Minutentakt einmal auf einen Blick sehen können, ist auf den Seiten 88–89 die nächste Checkliste für Sie: So könnte ein ungefährer Zeitplan aussehen, wenn die Gäste für 19.30 Uhr erwartet werden.

Der Zeitplan im Minutentakt

Die Uhrzeit	Das tun Sie ...
19.30 – 19.45 Uhr Die Gäste kommen	* Sie führen die Gäste ins Wohnzimmer, stellen sie einander vor und reichen ihnen einen Aperitif und ein Amuse gueule. * Dann können Sie die Gäste ruhig erst einmal sich selbst überlassen, in die Küche gehen und die Vorspeise vorbereiten. * Bei einer vorbereiteten Suppe müssen Sie diese (auf dem Herd) und die Suppentassen (im Backofen) erwärmen. Übrigens: Wärmen Sie immer die Teller oder Tassen im Ofen vor, wenn Sie eine warme Speise servieren wollen.
20.15 Uhr Zu Tisch ... Die Vorspeise	* Bitten Sie die Gäste an den Tisch, schenken Sie ihnen den passenden Wein zur Vorspeise ein. * Tragen Sie die Vorspeise auf. * Haben alle gegessen, dann räumen Sie die Teller ab und kümmern sich um den Hauptgang. Übrigens: Liegt das Besteck Ihres Gastes gekreuzt auf dem Teller, dann macht er in aller Regel nur eine Pause und möchte gleich weiteressen. Liegt das Besteck allerdings schräg (und Messer und Gabel parallel) auf dem Teller, so ist dies für Sie ein Zeichen, dass er fertig ist.

Die Uhrzeit	Das tun Sie ...
20.40 Uhr Bei Tisch ... Der Hauptgang	* Wärmen Sie für den Hauptgang die Essteller vor und kochen Sie alles fertig. Wenn Sie dazu kommen, gehen Sie zu Ihren Gästen, erzählen Sie ihnen, was sie nun erwartet, und stellen Sie eventuell jetzt schon mal den Wein vor, den Sie dafür ausgesucht haben. * Schenken Sie Ihren Gästen ein und stoßen Sie mit ihnen an. Danach dekorieren Sie die Teller fertig und tischen den Hauptgang auf. * Servieren Sie den Wein kurz vor dem Essen. Das hat den Vorteil, dass das Essen nicht unnötig kalt wird und die Gäste nicht ungeduldig werden, und Sie in Ruhe erklären können, um was für einen Wein es sich handelt. * Anschließend können Sie die Teller abräumen und eventuell mit letzten Handgriffen das Dessert vollenden. Übrigens: Fragen Sie immer nach, ob jemand noch etwas haben möchte, und vergessen Sie während des Essens nicht, den Wein nachzuschenken.
21.10 Uhr Nachtisch! Das Dessert	* Zwischen Hauptgang und Dessert kann eine etwas längere Pause liegen. Allerdings keine allzu lange: 30 bis 40 Minuten sind angemessen. Viele Gäste trinken zu diesem Zeitpunkt gerne einen Espresso. Schön, wenn Sie darauf vorbereitet sind und einen anbieten. * Schenken Sie Ihren Gästen dann den Dessertwein ein, reichen Sie das Dessert ... und atmen Sie einmal tief durch. Übrigens: Sie können stolz auf sich sein: Sie haben das meiste geschafft und können nun den restlichen Abend gemeinsam mit Ihren Gästen in vollen Zügen genießen!

Die besten Menüs

Rezepte für ein perfektes Dinner ...
und für jeden Geschmack

DIE BESTEN MENÜS

Über Geschmack lässt sich bekanntlich streiten. Man kann es nicht immer jedem recht machen – aber im Laufe der vielen Sendewochen wurden uns doch einige Menüs aufgetischt, die voll und ganz zu empfehlen sind. Und dabei handelt es sich nicht nur um Gerichte, die ausschließlich Profis kochen können ...

Sie werden sehen: Bei den folgenden neun Menüs – für Anfänger, Fortgeschrittene und für den kleinen Geldbeutel – ist sicher das eine oder andere dabei, an das Sie sich noch gut erinnern können und das Sie bestimmt gern nachkochen werden. Gutes Gelingen!

Drei für den kleinen Geldbeutel – denn gutes Essen muss nicht teuer sein!

GÜNSTIG, ABER ANSPRUCHSVOLL

Für 5 Personen

Vorspeise: Drei Köstlichkeiten im Algenbett: Reisteigröllchen, Lachs-Tortilla-Wrap und Kürbisspieß
Hauptgang: Putenröllchen an Lasagnefächer mit feinem Saisongemüse
Dessert: Amaretti-Soufflé trifft Erdbeer-Charlotte

Vorspeise: Drei Köstlichkeiten im Algenbett

Reisteigröllchen, Lachs-Tortilla-Wrap und Kürbisspieß

ZUTATEN

Für die Reisteigröllchen
→ 5 Reisteigblätter
→ 5 Scheiben Parmaschinken
→ 1 Topf Basilikum
→ 2 Stück Mozzarella (ca. 250 g)
→ 150 g Parmesan
→ Öl zum Frittieren

91

Für die Lachs-Tortilla-Wraps
→ 5 Scheiben Pfefferlachs
→ 400 g Frischkäse
→ je 1/2 Bund Schnittlauch und Petersilie (oder andere frische Kräuter)
→ 5 Soft-Flour-Tortillas
→ Salz, Pfeffer

Für die Kürbisspieße
→ 1/2 Hokkaido-Kürbis
→ 5 Rosmarinzweige
→ 5 Scheiben Schinkenspeck
→ Pfeffer
→ Öl zum Anbraten

Für das Algenbett
→ 4 Noriblätter
→ 200 g Sojasprossen
→ 200 g Bambussprossen
→ 2 TL Sojasauce
→ 2 TL Fischsauce
→ 1 TL Honig
→ etwas Chilipulver

ZUBEREITUNG

Reisteigröllchen: Die Reisteigblätter mit Wasser bepinseln und zwischen feuchten Küchentüchern 5 Minuten weich werden lassen. Basilikumblätter zupfen, Parmesan raspeln und den Mozzarella in Stücke schneiden. Dann die Mozzarellastücke mit Basilikum und Parmesan mischen. Je ein Fünftel der

Mischung mit 1 Scheibe Parmaschinken umwickeln. In die Mitte der Reisteigblätter legen, rechts und links zuklappen, die untere Seite nach oben legen und den Rest aufrollen, so dass Röllchen entstehen. Diese in der Pfanne in viel Fett frittieren. Anschließend auf Küchenkrepp abtropfen lassen.

Lachs-Tortilla-Wraps: Kräuter hacken. Den Frischkäse mit den Kräutern vermengen und mit Salz und Pfeffer abschmecken. Die Tortillas mit dem Frischkäse bestreichen und die Lachsscheiben am unteren Ende auflegen. Nun die Tortillas einfach zusammenrollen und anschließend in Scheiben schneiden.

Kürbisspieße: Den Kürbis in größere Würfel schneiden. Diese in kochendem Wasser ca. 10 bis 15 Minuten garen. Die zur Hälfte entnadelten Rosmarinzweige abwechselnd mit in Streifen geschnittenem Speck und Kürbiswürfeln bespicken. Schließlich noch etwas pfeffern und in der Pfanne in ca. 5 Minuten anbraten.

Anrichten: Soja- und Bambussprossen abspülen, trockentupfen und zusammen mit den Reisteigröllchen, Lachs-Tortilla-Wraps und Kürbisspießen auf die Noriblätter legen. Soja- und Fischsauce mit dem Honig verrühren, mit Chili abschmecken und als Dressing über das Ganze träufeln.

Hauptgang: Putenröllchen an Lasagnefächer mit feinem Saisongemüse

ZUTATEN

Für die Putenröllchen
→ 5 dünne Putenschnitzel à 130 g (vom Metzger dünne Schnitzel schneiden lassen, dicke muss man flachklopfen)
→ 500 g Ricottakäse
→ 4 Schalotten
→ 2 Knoblauchzehen
→ je 1/2 Bund Salbei, Schnittlauch und Petersilie
→ Salz, Pfeffer
→ Öl zum Anbraten
→ Zahnstocher zum Feststecken

Für die dreierlei Nudeln
→ 450 g Mehl
→ 3 bis 4 Eier, je nach Größe
→ 4 EL Öl
→ 50 ml Rote-Bete-Saft
→ 100 g angetauter Tiefkühl-Blattspinat
→ 50 g Tomatenmark
→ Salz

Für die Sauce
→ 2 Dosen (à 350 ml) geschälte Tomaten
→ 1 TL gekörnte Gemüsebrühe
→ 250 ml Sahne
→ 125 ml Roséwein
→ Salz, Pfeffer

Für das Gemüse
- → 200 g Mangold
- → 250 g Strauchtomaten
- → 250 g Champignons
- → 1 TL getrockneter Thymian
- → Salz, Pfeffer

Für die Dekoration
- → 10 essbare Rosenblüten (Bioladen)
- → 1 Bund Knoblauchgras (Asialaden)

ZUBEREITUNG

Putenröllchen: Für die Putenröllchen den Ricotta mit klein geschnittenen Schalotten, durchgepresstem Knoblauch, gehackten Kräutern, Salz und Pfeffer vermengen und auf die Schnitzel streichen. Diese aufrollen, mit Zahnstochern fixieren und in heißem Fett in der Pfanne braten, bis sie eine schöne Farbe angenommen haben.

Dreierlei Nudeln: Für die Nudeln zuerst die Eier verquirlen, dann Mehl und Öl hinzufügen und zu einem festen Teig verarbeiten. Den Teig dritteln. Eine Portion mit dem zuvor gehackten Spinat und etwas Wasser, die zweite mit Tomatenmark und etwas Wasser, die dritte mit Rote-Bete-Saft vermischen. Die Teige in Frischhaltefolie wickeln und für 1/2 Stunde in den Kühlschrank legen.
Mit dem Nudelholz oder der Pasta-Maschine zu jeweils 5 Platten (ca. 10 x 7 cm) formen und in kochendem Salzwasser ca. 3 Minuten garen.

Sauce: Für die Sauce die Dosentomaten mit ihrem Saft im Topf mit gekörnter Gemüsebrühe erhitzen, Sahne und Rosé zugeben, mit Salz und Pfeffer abschmecken und vor dem Servieren mit dem Pürierstab schaumig schlagen.

Gemüse: Für das Gemüse den Mangold putzen und die ganzen Stücke 3 Minuten in kochendem Salzwasser blanchieren, danach in eiskaltem Wasser abschrecken. Die Tomaten würfeln, mit Salz und Pfeffer in der Pfanne anschwenken. Die Champignons in einer anderen Pfanne anbraten und am Ende mit Thymian, Salz und Pfeffer würzen.

Anrichten: Je 3 Nudelplatten in jeder Farbe schräg versetzt zu einem Fächer legen, die Putenröllchen und das Gemüse auflegen und die Sauce dazugeben. Zum Schluss mit Knoblauchgras und Rosenblüten dekorieren.

Dessert: Amaretti-Soufflé trifft Erdbeer-Charlotte

ZUTATEN

Für das Amaretti-Soufflé
- → 200 g Amaretti
- → 4 EL Rum
- → 200 ml Sahne
- → 4 Eier
- → 4 EL Puderzucker
- → Fett für die Förmchen
- → Puderzucker zum Bestäuben

Für die Erdbeer-Charlotte
- → 1 Päckchen Himbeer-Götterspeise (für 1/2 l Flüssigkeit)
- → 100 g Zucker
- → 300 g Magermilchjoghurt
- → 250 g Erdbeeren
- → 250 g Schlagsahne

Für die Dekoration
- → 1 Zweig Minze
- → 5 essbare Rosenblüten

ZUBEREITUNG

Erdbeer-Charlotte: Als Erstes die Charlotte zubereiten. Götterspeisenpulver und Zucker mit 1/4 Liter Wasser verrühren und 5 Minuten quellen lassen. Unter Rühren langsam erhitzen, aber nicht kochen lassen. Den Joghurt in eine Schüssel geben und die flüssige Götterspeise unter Rühren zugießen. Etwa 1/2 Stunde kalt stellen, bis die Masse zu gelieren anfängt. Die Erdbeeren abspülen, trocken tupfen und die grünen Blütenansätze abzupfen. Die Beeren in Scheiben schneiden. Kleine Schalen oder Tassen (Inhalt: ca. 150 ml) mit Frischhaltefolie auskleiden. Die Innenwand mit den Erdbeerscheiben auslegen. Die Sahne steif schlagen und unter die halbfeste Creme ziehen. Die Creme in die Schälchen füllen und etwa 2 Stunden kalt stellen.

Amaretti-Soufflé: Die Amaretti zerbröseln, mit Rum und Sahne mischen und 10 Minuten ziehen lassen. Die Eier trennen, das Eigelb unter die Amaretti-Mischung rühren. Den Backofen auf 175 °C vorheizen. Eiweiß zunächst anschlagen (ca. 1 Minute), dann unter langsamer Zugabe des Puderzuckers steif schlagen. Anschließend den Eischnee unter die Amaretti-Creme heben. Fünf ofenfeste Förmchen einfetten und mit so viel Amaretti-Masse füllen, dass oben ein Rand von ca. 2 cm bleibt. Die Soufflés im vorgeheizten Backofen (mittlere Schiene) ca. 30 Minuten backen. Herausnehmen und mit Puderzucker bestäuben.
Achtung: Da Soufflé leicht zusammenfällt, ist es wichtig, dass es sofort serviert wird

Anrichten: Die Creme auf Teller stürzen und die Frischhaltefolie entfernen. Erdbeer-Charlotte mit Minzblättchen und Rosenblüten garnieren. Das fertige Soufflé im Förmchen daneben platzieren.

EINE VEGETARISCHE VERFÜHRUNG

Für 5 Personen

Vorspeise: Frische Artischocke mit Kräutervinaigrette, Pesto und Guacamole
Hauptgang: Ananas, gefüllt mit Gemüsecurry auf Cashewreis mit Chiligarnelen
Dessert: Feige auf Limonensorbet, aufgegossen mit Crémant

Vorspeise: Frische Artischocke mit Kräutervinaigrette, Pesto und Guacamole

ZUTATEN

- → 5 frische Artischocken
- → 3 Lorbeerblätter
- → 20 Pfefferkörner
- → 1/2 unbehandelte Zitrone

Für das Pesto
- 1 Bund Basilikum
- 100 g Parmesan
- 1 Knoblauchzehe
- 50 g Pinienkerne
- Cayennepfeffer
- Salz
- 100 ml Olivenöl

Für die Guacamole
- 1 reife Avocado
- 1 TL Zitronensaft
- 1 Tomate
- 1 EL Crème fraîche
- Cayennepfeffer
- Salz

Für die Vinaigrette
- 2 EL Balsamico-Essig
- Salz, Pfeffer
- 100 ml Olivenöl
- 1 TL Dijon-Senf
- 1 TL Honig
- 1/2 Bund Schnittlauch
- 1/2 Bund Petersilie

ZUBEREITUNG

Artischocken: Die Artischocken mit den Lorbeerblättern, Pfefferkörnern und der halben Zitrone in Wasser ca. 25 Minuten kochen. Anschließend abgießen, abtropfen lassen und auf Tellern anrichten.

Zupftest: Lassen sich die Blätter leicht lösen, sind die Artischocken gar.
Während die Artischocken kochen, Pesto, Guacamole und Vinaigrette zubereiten.

Pesto: Basilikum, Parmesan und geschälten Knoblauch klein hacken. Dann die übrigen Zutaten hinzugeben und das Ganze pürieren.

Guacamole: Die Avocado halbieren, schälen, den Kern entfernen und das Fleisch mit einer Gabel zerdrücken. Sofort (!) mit Zitronensaft beträufeln. Die Tomate in kleine Stücke schneiden, dabei die Kerne entfernen. Dann Avocado und Tomatenstückchen mit der Crème fraîche gut verrühren und mit Salz und Pfeffer abschmecken. Mit Frischhaltefolie abdecken.

Vinaigrette: Zunächst den Essig in eine Schüssel geben, Salz unter Rühren darin auflösen, dann Pfeffer hinzugeben. Das Olivenöl zufügen und mit einem Schneebesen so lange rühren, bis sich eine Emulsion bildet. Dann Senf und Honig einrühren. Die Kräuter hacken, beiseite stellen und erst kurz vor dem Servieren unter die Vinaigrette mischen.

Anrichten: Die warmen Artischocken mit den Saucen servieren.

Tipp: Die Blätter mit den Fingern abzupfen und in eine Sauce dippen. Den unteren, dickeren Teil des Blattes mit den Zähnen abziehen. Sind alle Blätter abgezogen, dringt man zum Herzen vor, das klein geschnitten ebenfalls gedippt werden kann.

Hauptgang: Ananas, gefüllt mit Gemüsecurry auf Cashewreis mit Chiligarnelen

ZUTATEN

Für das Gemüsecurry
- → 2 1/2 Ananas (pro Person 1/2 Ananas)
- → 2,5 kg gemischtes Gemüse (Shiitake-Pilze, Zucchini, Zuckerschoten, grüne Bohnen, Brokkoli)
- → 500 g Mungobohnensprossen
- → 1 Knoblauchzehe
- → 1 Zwiebel
- → 2 EL Ghee (geklärte Butter)
- → 1 EL Senfsamen

- → 1 Zimtstange
- → 3 Kardamomkapseln
- → 1 kleines Stück Ingwer
- → 400 ml ungesüßte Kokosmilch
- → 200 ml Gemüsebrühe
- → 1 EL thailändische Massaman-Currypaste
- → Salz, Pfeffer

Für die Chiligarnelen
- → 10 Riesengarnelen
- → 10 getrocknete Chilischoten
- → 5 Knoblauchzehen
- → 100 ml Olivenöl
- → 5 TL Honig

Für den Cashewreis
- → 500 g Basmatireis
- → Salz, Pfeffer
- → Zimt
- → 100 g Cashewkerne

ZUBEREITUNG

Gemüsecurry: Die Ananas halbieren, aushöhlen und das Fruchtfleisch in kleine Stücke schneiden. Zur Seite stellen, da es später noch gebraucht wird. Dann das Gemüse klein schneiden. Pilze und Zucchini mit klein gehacktem Knoblauch und Zwiebelwürfeln scharf anbraten und zunächst beiseite stellen.

Nun die Sauce für das Gemüse zubereiten, indem man Ghee in einem Wok erhitzt, die Senfsamen, die ganze Zimtstange, die Kardamomkapseln und den geriebenen Ingwer hineingibt und alles zusammen sanft anröstet. Dann mit Kokosmilch und Gemüsebrühe ablöschen, mit Massaman-Currypaste, Salz und Pfeffer würzen und noch 10 Minuten köcheln lassen.

Brokkoli, grüne Bohnen und Zuckerschoten nach und nach in die Currysauce geben und ca. 10 Minuten köcheln lassen. Zuletzt die Hälfte der Ananasstücke, die angebratenen Pilze und Zucchini sowie die

Mungobohnensprossen hinzugeben und nur noch erwärmen. Vor dem Servieren die Zimtstange und die Kardamomkapseln aus dem Gemüsecurry entfernen.

Chiligarnelen: Die Garnelen an der Oberseite einritzen und den Darm entfernen. Für die Marinade die Chilischoten im Mörser zerreiben (wenn Sie es nicht scharf mögen, entfernen Sie vorher die Kerne) und die Knoblauch-zehen klein schneiden. Dann beides mit Olivenöl und Honig mischen. Die Garnelen in die Marinade legen und mindestens 30 Minuten ziehen lassen. Anschließend die Garnelen mitsamt der Marinade in einer heißen Pfanne auf jeder Seite 3 Minuten braten.

Cashewreis: Den Basmatireis waschen und mit Wasser (siehe Packungsangabe), Zimt, Salz und Pfeffer bei geringer Hitze köcheln lassen, bis das Wasser verdampft und der Reis gar ist. Die Cashewkerne unter den fertigen heißen Reis mischen.

Anrichten: Zum Servieren in jede Ananashälfte Reis füllen, das Gemüsecurry darauf geben und jeweils zwei Garnelen darüber drapieren.

Dessert: Feige auf Limonensorbet, aufgegossen mit Crémant

ZUTATEN

- → 5 Feigen
- → 210 g Zucker
- → 1 Eiweiß
- → 175 ml frisch gepresster Limettensaft oder Saft von 1/2 Orange
- → 5 Minzblätter
- → 1 kleine Flasche Crémant

ZUBEREITUNG

Die Feigen jeweils mit 5 Schnitten versehen, so dass sie sich öffnen lassen, aber nicht auseinanderfallen. Mit ein wenig Zucker bestreuen.

Dann Läuterzucker herstellen. Das geht so: 200 g Zucker mit 200 ml Wasser erhitzen und unter Rühren auflösen, einmal kräftig aufkochen lassen, vom Herd nehmen, entstehenden Schaum mit einem Esslöffel oder einer Schaumkelle abheben und abkühlen lassen.

Dann das Eiweiß steif schlagen, zusammen mit dem Läuterzucker und Limetten- oder Orangensaft in die Eismaschine füllen und für ca. 35 Minuten anstellen, bis das Sorbet eine feste, aber noch cremige Konsistenz hat. (Sollte man keine Eismaschine besitzen, einfach fertiges Zitroneneis kaufen.)

Die gezuckerten Feigen kurz mit dem Bunsenbrenner karamellisieren.

Anrichten: Je zwei Kugeln Sorbet in ein großes Cognacglas geben, die Feigen darauflegen und mit einem Minzblatt dekorieren. Am Tisch das Ganze langsam mit Crémant übergießen, bis das Sorbet bedeckt ist.

MENÜ AUF ZWEI KOCHPLATTEN

Für 5 Personen

Vorspeise: Fleischfressende Zucchiniblüten
Hauptgang: Tandoori-Chicken-Lasagne mit Joghurt-Gurken-Dip und Mangofächer
Dessert: Kokos-Panna-Cotta mit frischer Ananas und Minzzucker

Vorspeise: Fleischfressende Zucchiniblüten

ZUTATEN

→ 8 kleine (italienische) oder 4 große (holländische) Zucchiniblüten
→ 1 Zucchini
→ 2 Schalotten

- → 200 g gemischtes Hackfleisch
- → Salz, Pfeffer
- → 1 EL Honig
- → Saft von 1/2 Zitrone
- → 150 g Reis
- → Olivenöl zum Anbraten und Einfetten
- → 100 g Crème fraîche
- → Sprossen zum Verzieren

ZUBEREITUNG

Zunächst den Reis nach Packungsanleitung kochen.

Zucchini und Schalotten in kleine Würfel schneiden und anbraten. Hackfleisch hinzugeben, mit Salz und Pfeffer würzen. Mit Honig und Zitronensaft abschmecken.

Reis unter die Gemüse-Fleisch-Mischung rühren und das Ganze etwas abkühlen lassen.

Zucchiniblüten vorsichtig an der Spitze öffnen und den innen liegenden Stempel mit einer kleinen Schere entfernen. Dann die Füllmasse vorsichtig in die Blüten geben (dies geht am besten mit einem Spritzbeutel), so dass die Blütenspitzen noch zusammengedreht werden können.

Die gefüllten Zucchiniblüten mit einem in Olivenöl getränkten Pinsel bestreichen und vorsichtig in eine feuerfeste Form legen. Bei ca. 160 °C Umluft etwa 10 Minuten anbacken (dabei darauf achten, dass die Blüten nicht austrocknen!).

Anrichten: Zucchiniblüten auf Teller setzen, mit einem Klecks Crème fraîche und Sprossen servieren.

Hauptgang: Tandoori-Chicken-Lasagne mit Joghurt-Gurken-Dip und Mangofächer

ZUTATEN

Für die Tandoori-Chicken-Lasagne
- → 800 g Hähnchenbrustfilet
- → 2 Zwiebeln
- → 1-2 Knoblauchzehen
- → Olivenöl zum Anbraten
- → Salz, Pfeffer
- → 600 ml ungesüßte Kokosmilch
- → 1 Glas Tandoori-Gewürzpaste (Asialaden)
- → 200 g Crème fraîche oder Schmand
- → Limettensaft
- → Honig
- → Olivenöl
- → 1 Packung Lasagneblätter
- → 400 g Mozzarella oder Gouda

Für Joghurt-Gurken-Dip
- → 750 ml cremiger Naturjoghurt
- → Limonensaft
- → Salz, Pfeffer
- → 1 Gurke

Außerdem
- → 1 reife Mango

ZUBEREITUNG

Tandoori-Chicken-Lasagne: Zwiebeln und Knoblauch würfeln und in etwas Olivenöl anbraten. Das Fleisch schnetzeln und hinzugeben. Mit Salz und Pfeffer abschmecken. Esslöffelweise Tandoori-Gewürzpaste, Kokosmilch und Crème fraîche abwechselnd unter ständigem Rühren hinzufügen, und zwar so lange,

bis die Sauce eine sämige Konsistenz hat. Mit etwas Honig und Limettensaft abschmecken.
Eine feuerfeste Form einfetten. Abwechselnd Geschnetzeltes und Lasagneblätter aufeinander schichten. Dabei mit einer Schicht Fleischsauce anfangen und auch enden. In den Backofen schieben und bei 160 °C ca. 25 bis 30 Minuten backen. Mit einer Gabel kann getestet werden, ob die Nudelblätter bereits gar sind. Kurz vor Ende der Garzeit mit dem zerkleinerten Käse bestreuen und 5 bis 7 Minuten goldgelb backen.

Joghurt-Gurken-Dip: Den Naturjoghurt mit etwas Limonensaft, Salz und Pfeffer abschmecken. Gurke in feine Streifen schneiden und dazugeben.

Anrichten: Die Mango schälen, den Kern entfernen und das Fleisch in dünne Scheiben schneiden. Diese fächerförmig auf den Tellern anrichten. Lasagnestücke auflegen und mit dem Dip servieren.

Dessert: Kokos-Panna-Cotta mit frischer Ananas und Minzzucker

ZUTATEN

- 450 ml ungesüßte Kokosmilch
- 6 EL Zucker
- 4 Blatt Gelatine
- 25 ml Kokossirup
- 25 ml Sahne
- 1 EL Kokosraspeln
- 10-12 frische Minzblätter
- 1 Ananas

ZUBEREITUNG

Panna Cotta: Die Kokosmilch mit 2 Esslöffeln Zucker erhitzen. Die Gelatine in kaltem Wasser einweichen, anschließend ausdrücken, zur Kokosmilch geben, auflösen und kurz aufkochen. Kokossirup und Sahne ebenfalls dazugeben und das Ganze vom Herd nehmen.

Flüssige Panna Cotta in kleine Gefäße oder Förmchen füllen und abkühlen lassen. Dann im Kühlschrank mindestens 3 Stunden kalt stellen.

Minzzucker: Minzblätter und restlichen Zucker in einen Mörser geben und kräftig zerstoßen.

Anrichten: Ananas schälen und in Stücke schneiden. Kurz vor dem Servieren Panna Cotta auf Teller stürzen, mit Kokosraspeln garnieren und Ananasstücke dazugeben. Den aromatischen grünen Zucker über die Ananas streuen. Evtl. mit anderen Früchten dekorieren.

Drei für Anfänger:
Gut vorzubereiten, stressfrei zu kochen – und 100 Prozent Erfolgsgarantie!

JAMES-BOND-MENÜ

Für 5 Personen

Vorspeise: Baby-Calamari auf Rucola mit Chili-Dressing
Hauptgang: Lammrippchen an zartgrüner Mintpaté mit Kartoffelpüree und gerösteten Cherrytomaten
Dessert: «Richer Than Sin": White Chocolate Cheese Cake

Vorspeise: Baby-Calamari auf Rucola mit Chili-Dressing

ZUTATEN

→ 150 g Rucola
→ 2 Chilischoten (mittelscharf)
→ Salz, Pfeffer
→ 6-8 EL Olivenöl extra vergine
→ evtl. 1 Schuss Weißweinessig

- → 1/2 kg frische Baby-Calamari (4–5 pro Person)
- → Mehl
- → Pflanzenöl zum Anbraten
- → 1 Zitrone

Hauptgang: Lammrippchen an zartgrüner Mintpaté mit Kartoffelpüree und gerösteten Cherrytomaten

ZUBEREITUNG

Rucola: Den Rucola gut waschen und in eine große Salatschüssel geben. Die Chilischoten halbieren und die Samen herauskratzen (sonst wird es scharf). Dann die Chilis in feine Streifen schneiden und in eine kleine Schüssel geben. Mit Salz, Pfeffer und dem Olivenöl kräftig durchmixen. Je nach Belieben kann auch ein Schuss Weißweinessig hinzugefügt werden. Das Dressing über den Rucola geben und alles gut vermischen.

Baby-Calamari: Die Calamari gut waschen und säubern, abtupfen und in Mehl wälzen. Danach in ein Sieb geben, um sie vom überschüssigen Mehl zu befreien. Eine Pfanne stark erhitzen, etwas Pflanzenöl hineingeben und die Calamari etwa 1 Minute pro Seite braten.

Anrichten: Den Rucola auf den Tellern verteilen und die Calamari rundherum darauflegen. Zum Schluss noch etwas Zitronensaft darüber träufeln.

ZUTATEN

Für das Lamm
- → ca. 1,5 kg Lammrippchen am Stück (3 Rippchen pro Person)
- → ca. 3 Handvoll Minzblätter
- → 2 Schalotten
- → 6 Knoblauchzehen
- → 2 EL Dijonsenf
- → ca. 9 EL Olivenöl
- → Salz, Pfeffer
- → 10–12 Kirschtomaten

Kartoffelpüree

- → 1 kg Kartoffeln, mehlig kochend
- → 100 g Butter
- → 1 kleine Knoblauchzehe
- → 1 Prise Muskatnuss
- → Salz, Pfeffer
- → 200 ml Sahne

ZUBEREITUNG

Lamm: Den Ofen auf 250 °C vorheizen. Für die Mintpaté die halbierten Schalotten, Knoblauch, Senf, 6 EL Olivenöl und die Minze in einem Mixer oder in einer Küchenmaschine pürieren.

In einer Pfanne 2 EL Olivenöl erhitzen. Das Lammfleisch mit etwas Salz und Pfeffer würzen und mit der Fettseite nach unten scharf anbraten. Etwa 2 bis 4 Minuten von allen Seiten braten, aus der Pfanne nehmen und in eine ofenfeste tiefe Form legen.

Die Mintpaté großzügig über das Lamm verteilen und einmassieren. Dazu die ganzen Tomaten geben, mit Olivenöl beträufeln und etwas Salz dazugeben. In den Backofen schieben und auf mittlerer Schiene etwa 20 bis 25 Minuten rösten.
Dann das Lamm herausnehmen und 5 Minuten ruhen lassen, damit der Fleischsaft beim anschließenden Schneiden nicht austritt.

Kartoffelpüree: Die Kartoffeln schälen und in Salzwasser kochen, bis sie schön weich sind. Die Kartoffeln in ein Sieb abgießen und im noch heißen Topf bei niedriger Hitze die Butter schmelzen lassen. Den Knoblauch hinzupressen und nach und nach die Sahne unterrühren. Mit etwas Muskatnuss, Salz und Pfeffer würzen. Die Kartoffeln in den Topf zurückgeben und das Ganze so lange stampfen, bis die Masse eine cremige Konsistenz hat und keine Stücke mehr zu sehen sind. Zum Schluss nochmals mit Salz und Pfeffer abschmecken und eventuell noch etwas Sahne dazugeben (aber vorsichtig, das Püree darf nicht flüssig werden!).

Anrichten: Die einzelnen Lammrippchen abschneiden und mit den Tomaten auf Tellern anrichten. Dazu das Püree servieren.

Dessert: »Richer Than Sin« – White Chocolate Cheese Cake

ZUTATEN

Für den Boden
- → 440 g Graham wafer crumbs (amerikanische Cracker; alternativ 10-12 Stück Zwieback)
- → 6 EL geschmolzene Butter
- → 1 EL brauner Zucker
- → 1 TL gemahlene Muskatnuss

Für die Füllung
- → 300 g weiße Schokolade
- → 125 ml Schlagsahne
- → 480 g Frischkäse
- → 4 große Eier
- → 4 TL Vanillearoma oder 1 Vanilleschote
- → Salz

Für das Topping
- → 180 g weiße Schokolade
- → 65 ml Schlagsahne
- → 4 TL Vanille- oder Kokosnussaroma
- → frische Früchte zum Garnieren

Für den Himbeersirup
- → 100 g Himbeeren
- → 6 EL Zucker

ZUBEREITUNG

Boden: Für den Boden eine Springform gut buttern. Die Cracker mit der Butter, Zucker und Muskatnuss in der Küchenmaschine mixen. Die Krümelmasse gut auf den Boden und an das untere Drittel der Form drücken.

Füllung: Die Schokolade in Stücke brechen und in einem Wasserbad schmelzen. Langsam die zimmerwarme Sahne einrühren und etwas abkühlen lassen.

Den Frischkäse, der wie die Eier Raumtemperatur haben sollte, in einer großen Schüssel mit einem Mixer leicht schlagen, bis eine cremige Masse entsteht. Die Eier trennen, das Eigelb hinzufügen und gut durchmixen. Die Schokoladencreme, Vanillearoma und eine Prise Salz ebenfalls dazugeben und etwa 3 Minuten bei mittlerer Geschwindigkeit mixen.

Das Eiweiß steif schlagen und unter die Schokoladenmasse heben. Dann in die vorbereitete Form füllen. Den Kuchen auf ein Backblech stellen und bei etwa 150 °C ca. 50 Minuten backen. Den Ofen ausschalten und den Kuchen etwa 1 Stunde im Backofen stehen lassen. Dadurch wird er etwas flacher und die Masse fester. Aus dem Ofen nehmen und abkühlen lassen.

Topping: Die Schokolade zerbröckeln und in einem Wasserbad schmelzen. Langsam die zimmerwarme Sahne einrühren. Vanille- oder Kokosnussaroma hinzugeben. Das Topping über den Kuchen geben und gleichmäßig verteilen. Abdecken und über Nacht in den Kühlschrank stellen.
Etwa 3 Stunden vor dem Servieren aus dem Kühlschrank nehmen und vorsichtig aus der Springform lösen.

Himbeersirup: Die Beeren mit 20 ml Wasser und Zucker aufkochen lassen und pürieren. Durch ein Sieb passieren und etwas abkühlen lassen.

Anrichten: Den Kuchen auf Teller geben und mit frischen Früchten und Himbeersirup garnieren.

MEXIKO MIT HERZ

Für 5 Personen

Vorspeise: »Ceviche«: verschiedene, in Limettensaft gegarte Fische
Hauptgang: »Mancha Mantel«: Gulasch von Kalb und Hähnchen mit Obst und Salsa verde
Dessert: Chocolate Caliente

Vorspeise: »Ceviche« – verschiedene, in Limettensaft gegarte Fische

ZUTATEN

- → 700 g frisches Fischfilet (z. B. Lachs, Thunfisch, Sardelle)
- → 2 große rote Zwiebeln
- → 6 Kirschtomaten
- → Saft von 5 reifen Limetten
- → 5 rote Chilischoten
- → 1 1/2 Bund frischer Koriander
- → Salz, Pfeffer
- → 2 vollreife Avocados

ZUBEREITUNG

Den Fisch in 5 cm große Würfel schneiden. Die Zwiebeln in Ringe schneiden, die Kirschtomaten vierteln, die Chilischoten fein (Kerne entfernen) und den Koriander grob hacken. Alles miteinander vermischen, den Limettensaft dazugeben, salzen, pfeffern und bei Zimmertemperatur in einer abgedeckten, flachen Schale etwa 1 Stunde ziehen lassen. Häufig umrühren, damit der Fisch gleichmäßig mit Limettensaft bedeckt wird. Durch dessen Säure wird der Fisch »gegart«. Dann im Kühlschrank ruhen lassen. Vor dem Servieren nochmals vorsichtig durchmengen und den überschüssigen Limettensaft abgießen. Die geschälten Avocados in Streifen schneiden und sofort mit Limettensaft beträufeln.

Anrichten: Avocados auf Teller legen und das Ceviche darum drapieren.

Hauptgang: »Mancha Mantel« – Gulasch von Kalb und Hähnchen mit Obst und Salsa verde

ZUTATEN

Für das Gulasch
- → 450 g Hähnchenbrustfilet
- → 1 kg Kalbsfilet
- → 3 Knoblauchzehen
- → ca. 250 ml Gemüsebrühe
- → 125 g Mandeln, gehobelt
- → 1 Zimtstange
- → 50 g Sesamkörner
- → 6 frische Chilischoten
- → 2 reife Tomaten
- → 1 Ananas
- → 2 nicht ganz reife Bananen
- → Tortillas
- → Salz, Pfeffer
- → Öl zum Anbraten

Für die Salsa verde
- → 300 g Dosentomatillos (mexikanischer oder spanischer Feinkostladen)
- → 1 kleine weiße Zwiebel
- → 4 Chilischoten
- → 4 Knoblauchzehen
- → 1 Bund Koriander

ZUBEREITUNG:

Gulasch: Für das Gulasch die Knoblauchzehen in eine Pfanne ohne Öl geben und etwa 5 Minuten rösten. Anschließend zur Seite stellen.
Das Hähnchenbrustfilet in mundgerechte Stücke schneiden und in einer Pfanne mit Öl scharf anbraten, danach vom Herd nehmen.

Das Kalbsfilet in 4 cm große Würfel schneiden und in einem (möglichst gusseisernen) Topf mit Öl scharf anbraten, danach mit der Gemüsebrühe bedecken und 30 Minuten köcheln lassen. Die Gemüsebrühe in ein Gefäß abgießen (wird noch gebraucht!). Das Hähnchenfleisch zum Kalbsgulasch geben, dabei das Öl in der Pfanne lassen.
In diesem Öl nun die Zimtstange, Sesamkörner und Mandeln rösten. Zimtstange herausnehmen und mit dem Knoblauch pürieren. Anschließend unter ständigem Rühren in der Pfanne etwa 4 Minuten scharf anbraten. Mit der beiseite gestellten Brühe auffüllen und zum Sieden bringen.

Chilischoten, Tomaten, Ananas und Bananen klein schneiden, zusammen mit dem Fleisch dazugeben und nach Geschmack salzen und pfeffern. Bei geringer Hitze mindestens 1 Stunde köcheln lassen. Tortillas in eine heiße Pfanne ohne Öl geben und kurz wenden!

Salsa verde: Für die Salsa verde die Zutaten einfach mischen und sehr fein pürieren. Fertig!

Anrichten: Das Gulasch heiß mit gebackenen Tortillas servieren. Die Salsa verde dazu reichen.

Dessert: Chocolate Caliente

ZUTATEN

→ 125 g helle Kuvertüre
→ 4-6 verschiedene Früchte (saisonal, am besten eher säuerliche)
→ Zahnstocher

ZUBEREITUNG

Die Kuvertüre im Wasserbad schmelzen und in 5 Espressotassen oder ähnliche Gefäße füllen. Die Früchte auf einem Teller anrichten, die Schokolade in die Mitte stellen. Zahnstocher dazulegen und die Gäste bitten, einfach zu schlemmen, indem sie die Früchte in der heißen Schokolade dippen!

DIE BESTEN MENÜS

DREI-LÄNDER-KÜCHE: HAUTE CUISINE ZUM VORBEREITEN!

Für 5 Personen

Vorspeise: Hähnchenspieße mit Saucen-Duo und Thaisalat
Hauptgang: Rinderschmorbraten mit Ratatouillegemüse und Rosmarinpolenta
Dessert: Eissoufflé

Vorspeise: Hähnchenspieße mit Saucen-Duo und Thaisalat

ZUTATEN

Für die Hähnchenspieße
- 600 g Hähnchenbrustfilet
- etwas Öl zum Bestreichen der Holzspieße und zum Anbraten
- Holzspieße

Für die Marinade
- 1 Knoblauchzehe
- 1 Stück Ingwer (haselnussgroß)
- 1 Bund Zitronengras
- 1/4 TL gemahlener Cumin (Kreuzkümmel)
- 350 ml ungesüßte Kokosmilch
- 3 TL Zucker
- 2 TL Currypulver
- Salz

Für die süß-sauere Sauce
- 1/2 Bund Frühlingszwiebeln
- 1/2 Salatgurke
- 150 g Aprikosenmarmelade
- 1 TL Sambal Oelek
- 1 EL helle Sojasauce
- 2 EL Limettensaft
- 50 ml Gemüsebrühe
- Salz

Für die Erdnusssauce
- 125 g Erdnussbutter
- 1 Knoblauchzehe
- 1/2 EL frischer, geriebener Ingwer
- 1/2 EL Kurkuma (Gelbwurzel)

- → 1/2 EL Tabasco
- → 1/2 EL Sesamöl
- → 2 EL Sojasauce
- → 1 EL Honig
- → Saft von 1/2 Zitrone
- → 60 ml ungesüßte Kokosmilch

Für den Thaisalat
- → 1 Chicorée
- → 1 Bund Rucola
- → 1 Hand voll Sojasprossen
- → 15 Korianderblätter
- → je nach Bedarf einige Blätter Eichblattsalat

Für das Thaisalat-Dressing
- → 1-2 Chilischoten
- → 1 Knoblauchzehe
- → 2-3 EL Zucker
- → 5 EL Limettensaft
- → 100 ml thailändische Fischsauce
- → 3-4 EL Wasser, mit einem Schuss Sesamöl verrührt

ZUBEREITUNG

Hähnchenspieße: Das Hähnchenbrustfilet der Länge nach in Streifen schneiden. Holzspieße in kaltem Wasser einweichen und mit Öl bepinseln. Die Fleischstreifen auf die Holzspieße fädeln, so dass ein Wellenmuster entsteht.

Marinade: Den Knoblauch schälen und mit einer Knoblauchpresse zerdrücken. Den Ingwer reiben und das Zitronengras klein hacken. Dann alles mit Cumin, Kokosmilch, Zucker und Currypulver gut vermischen und salzen. Die Hähnchenspieße ca. 2 Stunden in der Marinade ziehen lassen und kurz vor dem Servieren in Öl von allen Seiten anbraten.

Süß-saure Sauce: Die Frühlingszwiebeln in Ringe schneiden und die Gurke fein würfeln. Mit Aprikosenmarmelade, Sambal Oelek, Sojasauce, Limettensaft und Gemüsebrühe gut vermischen. Anschließend mit Salz abschmecken und pürieren.

Erdnusssauce: Alle Zutaten mischen, pürieren und dann kaltstellen. Die Sauce am besten (bis zu) 3 Tage vorher zubereiten, damit sie gut durchzieht.

Thaisalat: Aus dem Chicorée den Boden kegelförmig herausschneiden, dann in dünne Streifen schneiden. Rucola waschen und die Blätter jeweils zweimal durchschneiden. Dann Chicorée und Rucola mit Sojasprossen, Koriander und evtl. zerkleinerten Eichblattsalatblättern mischen.

Thaisalat-Dressing: Die Knoblauchzehe mit einer Knoblauchpresse zerdrücken. Die Chilischoten klein schneiden, vorher die Kerne entfernen; es sei denn Sie mögen es besonders scharf. Nun Knoblauch und Chilis mit den übrigen Zutaten gut verrühren. Das Dressing kurz vor dem Servieren über den Salat geben.

Anrichten: Hähnchenspieße auf Teller legen, mit Saucen-Duo und Salat garnieren.

Hauptgang: Rinderschmorbraten mit Ratatouillegemüse und Rosmarinpolenta

ZUTATEN

Für den Rinderschmorbraten
- → 1500 g Rinderbraten (am besten aus der Rinderkugel)
- → etwas Butterschmalz
- → Salz, Pfeffer
- → 2 Karotten
- → 1/2 Sellerie
- → 3 Zwiebeln
- → 3 Knoblauchzehen
- → 1 Stück Ingwer (haselnussgroß)
- → 1 EL Tomatenmark
- → 40 ml Balsamicoessig

- → 25 ml Sojasauce
- → 375 ml trockener Rotwein
- → 150 ml Portwein
- → 525 ml Rinderfond
- → 1 Thymianzweig
- → 1 Rosmarinzweig
- → 1 Stange Zitronengras
- → 1 Lorbeerblatt
- → 3 Wacholderbeeren
- → 10 Pfefferkörner
- → Salz, Pfeffer
- → 60 g getrocknete Aprikosen
- → 60 g getrocknete Pflaumen

Für das Ratatouillegemüse
- → 5 Tomaten
- → 2 Knoblauchzehen
- → 1 Thymianzweig
- → 2 Zucchini
- → 1 Aubergine
- → 3 Zwiebeln
- → 1 gelbe Paprikaschote
- → 1 rote Paprikaschote
- → Olivenöl zum Anbraten
- → Meersalz, Pfeffer

Für die Rosmarinpolenta
- → 250 g Polenta (Maisgrieß)
- → 50 g frischer Parmesan
- → 1 Rosmarinzweig
- → 350 ml Gemüsebrühe
- → Salz
- → Olivenöl zum Braten

ZUBEREITUNG

Rinderschmorbraten: Das Fleisch mit Salz und Pfeffer würzen und in einem Bräter rundherum in Butterschmalz anbraten. Anschließend in Alufolie wickeln und in den auf 100 °C vorgeheizten Backofen (mittlere Schiene) geben.

Nun Karotten, Sellerie, Zwiebeln, Knoblauchzehen und Ingwer würfeln und zusammen mit Tomatenmark in dem mit Butterschmalz ausgestrichenen Bräter anbraten. Anschließend mit Balsamico und Sojasauce ablöschen. Rotwein und Portwein hinzugießen und die Flüssigkeit auf die Hälfte einkochen. Danach mit Rinderfond das Ganze wieder ein wenig auffüllen und die Kräuter und Gewürze dazugeben.

Das Fleisch aus der Alufolie nehmen und in den Bräter legen. Anschließend das Ganze bei 180 °C (Ober- und Unterhitze) ca. 3 Stunden schmoren lassen. Eine 1/2 Stunde vor Ende der Garzeit die gewürfelten Aprikosen und Pflaumen hinzugeben.

Ratatouillegemüse: Die Tomaten kreuzweise einritzen, mit kochendem Wasser überbrühen, kalt abschrecken und dann mit einem spitzen Messer die Haut abziehen. Anschließend die Kerne entfernen. Zwiebeln, Zucchini, Aubergine und Paprikaschoten klein schneiden und nacheinander separat in Olivenöl anbraten (die Paprikastücke sollten bissfest sein). Das Gemüse mit gewürfelten Tomaten, zerdrückten Knoblauchzehen und abgezupften Thymianblättchen vermengen, mit Meersalz und Pfeffer abschmecken und bei geringer Hitze in 20 Minuten fertig garen.

Rosmarinpolenta: Den Parmesan reiben und den Rosmarin vom Stängel zupfen und fein hacken. In einem hohen, breiten Topf die Brühe und 400 ml Wasser mit ein wenig Salz aufkochen, dann die Hitze reduzieren. Nach und nach den Maisgrieß zugeben und ca. 10 Minuten köcheln lassen. Den Parmesan einrühren und weitere 15 Minuten ziehen lassen. Mit Salz und Rosmarin abschmecken. In einer flachen Auflaufform fest werden lassen und dann aus der Masse Plätzchen ausstechen (z. B. Halbmonde). Vor dem Servieren in heißem Olivenöl goldbraun braten.

Anrichten: Den Braten anschneiden, Scheiben auf Teller legen und mit dem Gemüse und der Polenta servieren.

Dessert: Eissoufflé

ZUTATEN

- 250 ml Sahne
- 2 Eiweiß
- 80 g Zucker
- 2 EL Crème double
- 40 ml süßer Sherry
- 50 g geschälte, gemahlene Mandeln
- 1 EL Kakaopulver

Für die Dekoration
- 15 Erdbeeren (pro Person 3 Stück)
- 100 g Zartbitterkuvertüre

ZUBEREITUNG

Sahne steif schlagen, Eiweiß in einem anderen Gefäß kurz anschlagen, dann nach und nach den Zucker einrieseln lassen und steif schlagen. Die Masse muss glänzend und schnittfest sein.

Geschlagene Sahne, Crème double, Sherry und Mandeln sorgfältig vermischen, dann den Eischnee unterheben. 4 Soufflé-Förmchen mit Pergamentpapier umwickeln, das über das Förmchen hinausragt, damit die Masse 2 cm über den Förmchenrand hinaus eingefüllt werden kann. Masse einfüllen und 1 Tag ins Gefrierfach stellen.

Die Förmchen mindestens 15 Minuten vor dem Servieren aus dem Gefrierfach nehmen. Die Papiermanschette entfernen und die Oberfläche dick mit Kakao bestäuben.

Die Kuvertüre im Wasserbad erhitzen, bis sie eine cremig-flüssige Konsistenz hat, dann die Erdbeeren bis zu Hälfte hineintunken.

Anrichten: Das Soufflé auf Teller setzen und mit den Früchten servieren.

DIE BESTEN MENÜS

Drei für Fortgeschrittene: Feinschmecker-Menüs für Gastgeber mit Kochleidenschaft!

MODERNES AUSTRALIEN TRIFFT DEUTSCHLANDS TRADITIONSKÜCHE

Für 5 Personen

Vorspeise: Tuna Rolls: roher Thunfisch mariniert in Sojasauce und Sesamöl, serviert in einer Gurke
Hauptgang: Gefülltes Schweinefilet mit Pflaumen und Mandeln, mit gedünsteten Apfelscheiben in Wacholderrahm und Rosmarinkartoffeln
Dessert: Dialog der Früchte mit Baiserherzen

Vorspeise: Tuna Rolls: roher Thunfisch mariniert in Sojasauce und Sesamöl, serviert in einer Gurke

ZUTATEN

- → 2 Gurken
- → 500 g frischer Thunfisch
- → 3 EL Sojasauce
- → 1/2 Avocado
- → 2 TL Limettensaft
- → 1 EL flüssige Sahne
- → 1 EL schwarze, geröstete Sesamkörner (Asialaden)
- → Salz und Pfeffer

ZUBEREITUNG

Gurken dünn schälen. Der Länge nach in eine Schneidemaschine legen und 20 hauchdünne, ca. 14 cm lange Gurkenscheiben schneiden. Den Thunfisch in etwa 1 cm große Stücke schneiden und mit der Sojasauce in einer Schale gut mischen. 15 Minuten ziehen lassen. Auf das Ende jeder Gurkenscheibe ein wenig von den – abgetropften – Thunfisch-Stückchen legen und die Scheiben aufrollen. Die Rollen abdecken und für 15 Minuten kühlen.

Avocado teilen, eine Hälfte schälen und in Stücke schneiden. Mit Limettensaft und Sahne mixen, bis eine gleichmäßige Masse entsteht, und mit Salz und Pfeffer abschmecken.

Anrichten: Die Gurkenrollen aufrecht auf einen Teller stellen und mit einem Klecks der Avocadocreme und einer Prise Sesamkörner versehen.

Hauptgang: Gefülltes Schweinefilet mit Pflaumen und Mandeln, mit gedünsteten Apfelscheiben in Wacholderrahm und Rosmarinkartoffeln

ZUTATEN

Für das Schweinefilet
- 2 Schweinefilets (à 450 g)
- 16 Backpflaumen (ohne Stein)
- 5 EL Calvados
- 16 Mandeln (abgezogen)
- Salz, Pfeffer
- 30 g Butterschmalz
- 3 Äpfel
- 30 g Butter oder Margarine
- 8 Wacholderbeeren
- 300 g Crème fraîche
- 1 Msp. Fleischextrakt

Für die Rosmarin-Kartoffeln
- 750 g kleine, lange Kartoffeln
- Salz, Pfeffer
- 50 g Butterschmalz
- 1 1/2 Bund Rosmarin

ZUBEREITUNG

Schweinefilet: Die Backpflaumen mit 3 Esslöffeln Calvados beträufeln und 10 Minuten stehen lassen. Die Schweinefilets putzen, jedes Filet quer halbieren. Mit einem Wetzstahl (oder dünnen Holzlöffelstiel) längs in die Filets ein Loch bohren und durch kreisende Bewegungen erweitern.

Die Pflaumen abtropfen lassen, den Calvados beiseitestellen. Die Mandeln in die Pflaumen drücken

und beides zusammen in die Löcher der Filets füllen. Dann die Filets rundum mit Salz und Pfeffer einreiben. Butterschmalz in einer Pfanne sehr heiß werden lassen, die Filets darin goldbraun anbraten. Die Hitze verringern und die Filets zugedeckt 10 Minuten braten, dabei einmal wenden. Das Fleisch in Alufolie wickeln und im Backofen bei 80 °C warm stellen. Das Fett aus der Pfanne abgießen.

Die Äpfel schälen, die Kerngehäuse ausstechen. Jeden Apfel in vier dicke Ringe schneiden. Butter oder Margarine in der Pfanne aufschäumen lassen, die Apfelringe in zwei Portionen darin von jeder Seite 3 bis 4 Minuten braten. Mit dem restlichen Calvados (und dem, der von der Pflaumenmarinade übrig ist) ablöschen. Die Äpfel aus der Pfanne nehmen und warm stellen.

Die Wacholderbeeren zerdrücken und in die Pfanne geben, Crème fraîche und Fleischextrakt zugeben, aufkochen lassen. Dann unter Rühren einkochen lassen, bis die Sauce leicht cremig ist, mit Salz und Pfeffer abschmecken.

Das Fleisch vorsichtig aus der Alufolie nehmen und den angesammelten Fleischsaft unter die Sauce rühren.

Rosmarinkartoffeln: Die Kartoffeln waschen, in der Schale und in Salzwasser garen, abkühlen lassen und pellen. Butterschmalz in einer Pfanne aufschäumen lassen und die Kartoffeln darin goldbraun braten. Den Rosmarin von den Stängeln zupfen, hacken, über die Kartoffeln streuen und diese im Bratfett noch mal gut durchschwenken. Mit Salz und Pfeffer würzen.

Anrichten: Die Filethälften schräg in Scheiben scheiden, mit den Apfelringen und der Sauce anrichten. Dazu Kartoffeln reichen.

Dessert: Dialog der Früchte mit Baiserherzen

ZUTATEN

Für die Fruchtpürees
- 150 g Zucker
- 2 reife Birnen
- 1/8 l trockener Weißwein
- 2 EL Zitronensaft
- evtl. etwas Zucker
- 150 g schwarze Johannisbeeren
- 1 reife Mango
- 1 reife Papaya
- 300 g Himbeeren
- 4 Kiwis
- Mineralwasser
- etwas Cassiée (Likör von schwarzen Johannisbeeren)
- einige Erdbeeren zur Dekoration

Für die Baiserherzen
- 6 Eiweiß
- 2 Tassen Zucker
- 1 1/2 EL Vanille-Essenz
- Butter zum Einfetten

ZUBEREITUNG

Läuterzucker: 150 g Zucker mit 150 ml Wasser erhitzen und dabei unter Rühren auflösen, einmal kräftig aufkochen lassen, vom Herd nehmen, entstehenden Schaum mit einem Esslöffel oder einer Schaumkelle abnehmen und abkühlen lassen.

Fruchtpürees: Birnenpüree – Die Birnen schälen und halbieren, die Kerngehäuse herausschneiden. Weißwein und Zitronensaft mit 1/8 l Wasser und eventuell etwas Zucker aufkochen, die Birnenhälften darin etwa 5 Minuten leise sieden lassen, dann im Mixer oder mit dem Schneidstab das Handrührers fein pürieren und durch ein Sieb streichen.

Johannisbeerpüree – Die Johannisbeeren waschen, sehr gut abtropfen lassen, von den Stielen streifen, pürieren und durch ein feines Sieb streichen.

Mangopüree – Die Mango schälen, das Fruchtfleisch vom Stein schneiden. Auch das Mangofleisch pürieren und dann durch ein Sieb streichen.

Papayapüree – Die Papaya schälen, Frucht längs halbieren, die Kerne mit einem Löffel herausschaben. Fruchtfleisch grob würfeln, pürieren und durchs Sieb passieren.

Himbeerpüree – Von den Himbeeren für jede vorgesehene Portion eine schöne zurücklegen, den Rest im ganz langsam laufenden Mixer pürieren (damit die Kernchen nicht zerkleinert werden!), dann durch ein Sieb streichen, das die Kerne zurückhält.

Kiwipüree – Die Kiwis schälen und pürieren, das ganze Fruchtfleisch durch ein Sieb drücken.

Jedes Fruchtpüree mit wenig Läuterzucker abschmecken, die Pürees dabei nicht zu sehr süßen (wahrscheinlich genügt 1 TL Zucker pro Püree). Alle Pürees kühl stellen. Vor dem Anrichten die Konsistenz prüfen: Die Pürees sollen geschmeidig von der Kelle fließen. Zu dicke Pürees mit etwas Mineralwasser verrühren, für die schwarzen Johannisbeeren nicht Wasser, sondern Cassisée verwenden.

Baiserherzen: Das Eiweiß ca. 1 Minute schlagen, dann langsam den Zucker zugeben und unter Zugabe der Vanille-Essenz steif schlagen. Eine Springform mit eingefetteter Alufolie auslegen und die Baisermasse mit einem Löffel portionsweise auf die Folie legen. Mit einem Spachtel die Seiten zusammenschieben und oben eine Mulde eindrücken, so dass ein Herz entsteht.

Bei Benutzung eines Gasherds auf niedrigster Stufe vorheizen, kurz bevor man die Baisers für 1 1/2 Stunden hineinstellt. Bei einem elektrischen Herd bei einer Temperatur von 150 °C für 45 Minuten backen lassen. Dann für 1 Stunde ohne Hitze im Ofen stehen lassen. Danach komplett abkühlen lassen.

Anrichten: Auf jeden Teller je einen Löffel der Pürees geben. Die Teller in die Hand nehmen und mit der flachen Hand gegen die Unterseite schlagen, bis sich die Pürees auf dem Teller verteilt haben. Mit einem Holzstäbchen dekorative Linien durch die Pürees ziehen. Baiserherzen hineinsetzen und mit Erdbeeren und den zurückgelegten Himbeeren garnieren.

Wichtig

Es lohnt sich nicht, den Dialog der Früchte aus kleineren Obstmengen zuzubereiten. Wenn Sie nur fünf Portionen brauchen, ist das nicht weiter schlimm. Die Pürees halten sich im Kühlschrank drei bis fünf Tage, wenn man sie gut verschlossen in Gläsern oder Kunststoffdosen aufbewahrt. Außerdem kann man sie einfrieren. Man muss sie dann allerdings nach dem Auftauen mit dem Schneidstab noch mal kurz durchmixen.

Vorspeise: Kaisergranat in Teigstreifen gebacken auf einem Salat von Schwarzwurzeln, Feldsalat und Aprikosen

KÖSTLICHER GESCHMACK TRIFFT SPITZENOPTIK

Für 5 Personen

Vorspeise: Kaisergranat in Teigstreifen gebacken auf einem Salat von Schwarzwurzeln, Feldsalat und Aprikosen
Hauptgang: Filet »Wellington« mit einer Sauce Périgord
Dessert: Gebrannte Limonencrêpes mit Rosmarinparfait und roter Fruchtsauce

ZUTATEN

- → 250 g Schwarzwurzeln
- → etwas Mehl und Zitronensaft
- → 3 Tomaten
- → 8 getrocknete Aprikosen
- → 1 EL gehackte Petersilie
- → Olivenöl
- → Walnussöl
- → weißer Balsamicoessig
- → Salz, Pfeffer
- → 2 EL Pinienkerne
- → 2 Hände voll Feldsalat
- → 5 Kaisergranate (Langostinos)
- → 1 Ei
- → 1 Packung Kataifi-Teigfäden (türkischer Supermarkt)
- → Öl zum Frittieren
- → 1 Paar Einmalhandschuhe

ZUBEREITUNG

Einen Topf Wasser mit etwas Mehl und Zitronensaft bereitstellen. Die Schwarzwurzeln schälen (dabei unbedingt Handschuhe tragen!) und sofort ins Wasser legen. Schwarzwurzeln noch einmal abspülen, zum Kochen bringen, 2 Minuten kochen und abkühlen lassen.

Tomaten kreuzförmig einritzen, mit kochendem Wasser überbrühen, und anschließend die Haut abziehen. Kerne und Saft entfernen, das Fruchtfleisch klein würfeln. Die Aprikosen in Spalten schneiden.

Die abgekühlten Schwarzwurzeln schräg in dünne Streifen schneiden und diese zusammen mit den Tomaten, den in Spalten geschnittenen Aprikosen und Petersilie in eine Schüssel geben. Dann mit Essig, Olivenöl, Salz und Pfeffer abschmecken und einige Zeit durchziehen lassen.

Pinienkerne ohne Fett rösten. Den Feldsalat putzen. Die Kaisergranate aus der Schale lösen und den Darm entfernen.

Die Teigfäden aus der Packung nehmen und kleine Häufchen formen. Ei aufschlagen und etwas aufrühren. Die Kaisergranate durch das Ei ziehen und jeweils einen Kaisergranat auf ein Teighäufchen setzen. Mit einem weiteren Häufchen aus Teigfäden abdecken.

Das Öl auf 160 °C erhitzen und die Häufchen einzeln sehr kurz frittieren, bis die Fäden goldbraun sind. Dann kurz auf Küchenpapier abtropfen lassen.

Anrichten: Feldsalat auf Teller verteilen, mit Pinienkernen bestreuen. Schwarzwurzelsalat ebenfalls auf die Teller geben. Teighäufchen aufsetzen und die Teller mit einigen Tropfen Balsamicoessig ausgarnieren.

Hauptgang: Filet »Wellington« mit einer Sauce Périgord

ZUTATEN

Für das Fleisch und die Sauce
- → 750 g Rinderfilet
- → 1 TL Fleischextrakt oder etwas Fleischfond
- → 1 Stück schwarzer Trüffel
- → 1 EL Balsamico-Essig
- → 1/8 l süße Sahne
- → Worcestershire-Sauce
- → Butterschmalz zum Anbraten

Für die Farce
- → 2 Schalotten
- → 150 g braune Champignons
- → 1 EL Balsamico
- → 3 EL süße Sahne
- → 2/3 Dose Gänseleberpastete (ca. 100 g)
- → Salz, Pfeffer
- → Öl zum Anbraten

Zusätzlich
- → 1 Packung Blätterteig
- → Eigelb zum Bestreichen

ZUBEREITUNG

Fleisch: Das Fleisch in fünf gleich dicke Scheiben teilen. Die Stücke rundherum heiß in Butterschmalz anbraten (ca. 1 Minute von jeder Seite), dann abkühlen lassen.
Das Bratfett aufheben und den Fleischfond zugeben. Trüffel fein würfeln und ebenfalls hinzufügen. Mit Balsamico, süßer Sahne und Worcestershire-Sauce abschmecken und dann noch etwas köcheln lassen.

Farce: Für die Farce die Schalotten fein hacken. Champignons mit einem Küchentuch abputzen, ebenfalls fein hacken und in Olivenöl heiß anbraten. Schalotten zugeben und glasig braten. Alles so lange schmoren, bis die Flüssigkeit verdampft ist. Balsamico und Sahne zugeben und nochmals schmoren, bis die Flüssigkeit eingekocht ist – die Farce muss trocken sein! Mit Salz und Pfeffer abschmecken. Die Pilzmasse abkühlen lassen und dann die Gänseleberpastete untermischen.

Die Blätterteigscheiben auftauen und ausrollen. Den Blätterteig schön dünn mit Farce bestreichen, das Fleisch in die Mitte setzen und obenauf noch einmal leicht mit Farce bestreichen, dann den Blätterteig um das Fleisch legen (Pilzfarce saugt auch noch Fleischsaft auf, dadurch kann der Blätterteig eher knusprig werden). Blätterteigränder mit Eigelb bestreichen, damit sie zusammenkleben. Mit dem überschüssigen Teig verzieren und mit einer Gabel einige Male einstechen, damit die Luft beim Backen entweichen kann. Oberfläche mit Eigelb bestreichen.

Zum Schluss die Blätterteigpakete bei 200 °C für ca. 12 bis 15 Minuten in den Backofen geben (mittlere Schiene), danach noch 10 Minuten bei 80 °C backen und kurz vor dem Servieren erneut kurz auf 200 °C schalten, damit der Blätterteig schön heiß serviert werden kann.

Anrichten: Blätterteigfilet zusammen mit der Sauce servieren.

Dessert: Gebrannte Limonencrêpes mit Rosmarinparfait und roter Fruchtsauce

ZUTATEN

Für das Rosmarinparfait
- → 150 g Zucker
- → 8 Eigelb
- → 1 TL frischer Rosmarin, gehackt
- → 500 ml Sahne

Für den Crêpes-Teig
- → 150 g Mehl
- → 4 Eier
- → 500 ml Milch
- → 500 ml Sahne
- → 50 g geschmolzene Butter

- → 30 g Zucker
- → 1 Prise Salz
- → etwas Vanillemark
- → abgeriebene Schale von 1/2 Limone

Crème für die Crêpes
- → 200 g Crème fraîche
- → 80 g Zucker
- → 1 TL abgeriebene Limonenschale
- → 3 Blatt Gelatine
- → 3 Eiweiß
- → Zucker zum Karamellisieren

Für die rote Fruchtsauce
- → 2 Hände voll Himbeeren oder Erdbeeren
- → Zucker

ZUBEREITUNG

Rosmarinparfait: Für das Rosmarinparfait den Zucker mit 110 ml Wasser zum Kochen bringen und etwa 3 Minuten kochen lassen. Die Eier trennen. Eigelb in die Rührschüssel der Küchenmaschine geben und die heiße Zuckerlösung erst tröpfchenweise, dann in etwas größeren Portionen unter ständigem, schnellem Rühren zu den Eigelben geben. Rosmarin hinzufügen und in schnellem Tempo weiterrühren, bis die Masse Zimmertemperatur hat. Nun die Sahne steif schlagen und unter die Ei-Zucker-Masse heben. Das Parfait in kleine Formen füllen und im Eisfach oder Tiefkühlgerät etwa 4 Stunden gefrieren lassen.

Crêpes-Teig: Für den Crêpes-Teig zunächst das Mehl mit den Eiern vermischen. Nach und nach Milch und Sahne unterrühren, dann die geschmolzene Butter zugeben. Mit Zucker, Salz, Vanillemark und der abgeriebenen Zitronenschale gründlich verrühren und 15 Minuten quellen lassen. Den Teig in einer beschichteten Pfanne zu hauchdünnen Crêpes ausbacken und diese auf einem Kuchengitter auskühlen lassen.

Crème: Für die Füllung 3 Blätter Gelatine in eine Schale mit Wasser legen. Crème fraîche mit dem Zucker und dem Limonenabrieb in einen Topf geben

DIE BESTEN MENÜS

VOLLENDETE ELEGANZ TRIFFT ERLESENE ZUTATEN

Für 5 Personen

Vorspeise: Jakobsmuscheln mit Trüffeln im Mangoldblatt an Kürbispüree
Hauptgang: Kalbsfiletmedaillons an Rotwein-Schalotten-Sauce mit Kräuterspätzle und Gemüse-Jalousie
Dessert: Gratinierte Feigen mit weißer Kaffeemousse auf Cognac-Sauce

und unter Rühren gerade so leicht erwärmen, dass sich der Zucker auflöst. Die Gelatine ausdrücken, zugeben und verrühren. Topf vom Herd nehmen und in Eiswasser stellen. Dort die Masse so lange rühren, bis sie anzieht, also langsam fest zu werden beginnt. Dann das Eiweiß zu Schnee schlagen und unterheben.

Die Crêpes einzeln auf Klarsichtfolie legen, die Creme darauf verteilen, einrollen und in Folie gewickelt etwa 2 Stunden in den Kühlschrank stellen.

Anschließend die Crêpes aus der Folie nehmen, dick mit Zucker bestreuen und diesen mit einem Gasbrenner karamellisieren.

Fruchtsauce: Die Früchte im Mixer pürieren und nach Belieben mit Zucker abschmecken.

Anrichten: Crêpes auf Tellern anrichten, aus dem Parfait kleine Kugeln stechen, neben den Crêpe legen und mit einem Klecks Fruchtsauce vervollständigen.

Vorspeise: Jakobsmuscheln mit Trüffeln im Mangoldblatt an Kürbispüree

ZUTATEN

Für die Farce
→ 80 g Zanderfilet
→ 120 g flüssige Sahne
→ Salz, Pfeffer

Für die Mangoldfüllung
→ 6-8 große Mangoldblätter
→ 1 Schweinenetz (beim Metzger vorbestellen)
→ 25 g eingelegte Trüffel (aus dem Glas)
→ 5 ausgelöste Jakobsmuscheln
→ Salz, Pfeffer

Für die Sauce

- → 150 ml französischer Wermut
- → 30 ml Trüffelfond (von den eingelegten Trüffeln aus dem Glas)
- → 150 ml Sahne
- → 30 g kalte Butter
- → Salz, Pfeffer

Für das Püree

- → 300 g Hokkaido-Kürbis
- → 1 Schalotte
- → 30 g Butter
- → 50 ml trockener Weißwein
- → 50 ml Gemüsefond
- → Salz, Pfeffer
- → einige Algen zum Garnieren

ZUBEREITUNG

Farce: Für die Farce das Zanderfilet klein hacken und für mindestens 2 Stunden in den Kühlschrank stellen. Mit Salz, Pfeffer und der Sahne mischen und mit einem Pürierstab zu einer glatten Masse verarbeiten. Anschließend die Masse durch ein Sieb streichen.

Mangoldfüllung: Den Mangold waschen, ca. 1 bis 2 Minuten in kochendem Salzwasser blanchieren, dann in Eiswasser stellen und von den Stielen trennen. Das Schweinenetz wiederholt waschen, bis das Wasser klar ist, auf einem Brett oder einer Arbeitsplatte ausbreiten. Die Mangoldblätter so nebeneinander auf das Netz legen, dass sie ein Rechteck bilden, leicht würzen und dünn mit der Farce bestreichen. Die Trüffel in hauchdünne Scheiben schneiden, auf die Mangoldblätter verteilen und mit der restlichen Farce bestreichen.

Die Jakobsmuscheln putzen, abbrausen, salzen, pfeffern und dicht nebeneinander an die untere Kante der Blätter legen. Mit Hilfe des Netzes alles zu einer Rolle aufwickeln. Das Netz löst sich beim Garen auf.

Den Backofen auf 180 °C vorheizen. Die Rolle auf ein Backblech legen und 15 bis 20 Minuten garen lassen.

Sauce: Für die Sauce Wermut, Trüffelfond und Sahne aufkochen und um ein Drittel einkochen lassen. Mit Salz und Pfeffer abschmecken. Zum Schluss die kalte Butter untermischen.

Püree: Für das Püree den Kürbis waschen, entkernen und klein schneiden (er muss nicht geschält werden). Schalotte fein hacken und in der Butter glasig dünsten. Dann die Kürbisstücke dazugeben und mit Wein und Gemüsefond ablöschen. Alles zusammen 10 Minuten garen lassen und anschließend mit dem Mixstab pürieren.

Anrichten: Zum Servieren die fertig gegarte Rolle in Scheiben schneiden und auf Tellern mit Sauce und dem Püree anrichten. Nach Belieben mit Algen garnieren.

Hauptgang: Kalbsfiletmedaillons an Rotwein-Schalotten-Sauce mit Kräuterspätzle und Gemüse-Jalousie

ZUTATEN

Für die Kalbsfiletmedaillons
- → 800 g Kalbsfilet
- → 100 ml Olivenöl
- → Salz, Pfeffer
- → 1/2 TL Thymian
- → 1/2 TL Rosmarin

Für die Sauce
- → 100 g Zucker
- → 8-10 Schalotten
- → 1 Flasche Rotwein
- → Salz, Pfeffer

Für die Kräuterspätzle
- → 300 g Mehl
- → 4 Eier
- → Salz
- → 1/2 TL gehackter Rosmarin
- → 1/2 TL gehackter Thymian
- → 8 EL Milch oder Wasser
- → etwas geschmolzene Butter

Für die Gemüse-Jalousie
- → 6-8 Möhren
- → 6 Petersilienwurzeln
- → 12 Zuckerschoten
- → 10 Keniabohnen
- → etwas geschmolzene Butter
- → Salz

ZUBEREITUNG

Kalbsfilet: Das Fleisch in Medaillons schneiden. Olivenöl mit Kräutern und Gewürzen mischen und das Fleisch damit von beiden Seiten gut einreiben. Dann mit Klarsichtfolie abdecken und mindestens 3 Stunden marinieren. Anschließend nur kurz in einer Pfanne von beiden Seiten anbraten und den Bratensaft aufheben. Den Backofen auf 180 °C vorheizen, die Medaillons auf ein Backblech legen und ca. 8 Minuten im Ofen garen lassen.

Sauce: Zucker langsam in einem Topf erhitzen und karamellisieren lassen (dabei nicht rühren). Schalotten klein schneiden und dazugeben. Dann kurz umrühren und das Ganze mit einer Flasche Wein ablöschen. Um ein Drittel einkochen. Die Sauce in die Pfanne geben, in der zuvor die Medaillons gebraten wurden. Dann den Bratensaft hinzufügen und mit Salz und Pfeffer nachwürzen.

Kräuterspätzle: Mehl in eine Schüssel geben. Mit Eiern, Kräutern, Salz und Milch oder Wasser kräftig zu einem Teig aufschlagen. Teig etwa 15 Minuten ausquellen lassen und portionsweise durch die Spätzlepresse in reichlich kochendes Salzwasser drücken.
Wenn die Spätzle an der Oberfläche schwimmen, mit einer Kelle herausheben. Anschließend kurz mit kaltem Wasser abschrecken, gut abtropfen lassen und vor dem Servieren in etwas Butter schwenken.

Gemüse-Jalousie: Möhren und Petersilienwurzeln klein schneiden (auf ca. 5 cm und der Länge nach durchschneiden) und in Salzwasser bissfest garen. Parallel die Zuckerschoten und Bohnen in kochendem Salzwasser 2 Minuten blanchieren, kurz abschrecken und in etwas Butter mit Salz schwenken.

Anrichten: Das Gemüse in Form einer Jalousie oder nach Belieben anrichten und jeweils zwei Bohnen oben auflegen. Spätzle und Fleisch dazu reichen.

Dessert: Gratinierte Feigen mit weißer Kaffeemousse auf Cognac-Sauce

ZUTATEN

Für die Feigen
→   5 frische Feigen
→   ein wenig Wodka
→   ein wenig Zucker

Für die Kaffeemousse
- 2 Blatt Gelatine
- 250 g weiße Schokolade
- 2 Eier
- 1 Schnapsglas starker Espresso (2 cl)
- 400 ml Sahne

Für die Sauce
- 250 g Vanillepudding (Fertigprodukt)
- 1 Schnapsglas Cognac
- 5 Erdbeeren

Für die Dekoration
- 5 Minzblätter
- 5 Kapstachelbeeren

ZUBEREITUNG

Feigen: Die Feigen waschen, halbieren und die Schnittflächen mit ein wenig Wodka beträufeln. Dann den Zucker daraufstreuen. Den Ofen auf 200 °C vorheizen und die Feigen 12 Minuten auf der mittleren Schiene gratinieren.

Kaffeemousse: Die Gelatine in kaltem Wasser einweichen. Die Schokolade im Wasserbad schmelzen. Inzwischen die Eier mit dem Schneebesen in einem zweiten Wasserbad schaumig schlagen (die Temperatur des Wassers darf 60 °C nicht übersteigen, sonst gerinnen die Eier). Wenn ein Löffel Straßen in den Schaum zieht, ist die Konsistenz richtig.
Nun die eingeweichte Gelatine ausdrücken, in die Ei-Masse geben und so lange rühren, bis sie aufgelöst ist. Vorsichtig und unter ständigem Rühren die geschmolzene Schokolade einträufeln lassen, dann den Espresso dazugeben und weiterrühren. Sahne schlagen, unterheben und die Mousse für mindestens 4 Stunden kalt stellen.

Sauce: Den Vanillepudding mit dem Cognac zu einer Sauce verrühren. Erdbeeren separat pürieren.

Anrichten: Jeweils zwei Feigenhälften auf einen Teller legen, Cognac-Sauce und Erdbeersauce dekorativ verteilen. Mit einem Löffel die Kaffeemousse abstechen und dazulegen. Nach Belieben jeweils den Teller mit einer Kapstachelbeere und die Kaffeemousse mit einem Minzblatt garnieren.

Pleiten, Pech und Pannen ... müssen nicht sein!

Die SOS-Küchenhilfe

Sie haben alles einmal in einem Probedurchgang gekocht, sind insgesamt bestens organisiert an den Abend herangegangen ... und stellen nun beim Abschmecken fest, dass etwas schiefgegangen ist! Vielleicht waren Sie zu voreilig mit dem Salz, vielleicht haben Sie aber auch bei einer angeregten Unterhaltung vergessen, dass die Sauce gerne ansetzt. Wie auch immer: Jammern hilft in solchen Situationen bekanntlich nicht: Tipps, Tricks und Notlösungen sind die bessere Alternative. Die besten finden Sie, alphabetisch aufgeführt, in diesem Kapitel!

Ananas
Sie ist reif, wenn sich die Blättchen aus der Krone ziehen lassen. Außerdem verrät sie ihr Duft: Machen Sie den Riechtest, denn eine reife Ananas riecht lecker und intensiv fruchtig-süß. Auf Nummer Sicher gehen Sie bei Flugananas. Diese Ananas wird nicht roh geerntet und per Schiff transportiert, sondern tritt reif, saftig und per Flugzeug die Reise zu uns an.

Anbrennen
Geben Sie eine saubere Glasmurmel in den Topf. Sie bewegt sich durch die Hitze über den Topfboden und verhindert so das Ansetzen von Milch, aber auch von Sauce.

Artischocken
Artischocken bleiben appetitlich grün, wenn Sie sie 1 Stunde vor dem Kochen in kaltes Wasser stellen, dem Sie einen Esslöffel Essig zugefügt haben.

Avocado
Harte Avocados reifen schneller nach, wenn Sie sie in einer dunklen Papiertüte an einem warmen Ort liegen lassen. Damit sich Avocados nach dem Aufschneiden nicht unappetitlich verfärben, sollten Sie sie sofort mit Zitronensaft beträufeln.

Backpapier
Angepapptes Backpapier lässt sich leichter vom Kuchen lösen, wenn man ein feuchtes Küchentuch drauflegt. Nach ein paar Sekunden abnehmen und das Papier abziehen.

Biskuit
Beim Backen von Biskuit darf nur der Boden der Springform gefettet werden, nicht die Seiten. Fettet man die Seiten, rutscht der Teig ab und der Boden wird in der Mitte höher als am Rand. Bricht der Biskuit beim Tortenbauen, so lassen sich die Teile mit Eiweiß wieder zusammenkleben.

Blätterteig

Kneten Sie Blätterteig niemals, sondern legen Sie nur die Platten übereinander und rollen Sie ihn aus. Wenn Sie ihn kneten, zerstören Sie seine Struktur, und er kann nicht mehr richtig aufgehen. Damit dies noch besser gelingt, können Sie das Backblech vor dem Backen mit kaltem Wasser abspülen und den Teig auf das feuchte Blech geben. Die erhöhte Luftfeuchtigkeit im Backofen sorgt für Luftigkeit im Teig.

Blattsalat

Blattsalat können Sie (gewaschen und gut abgetropft) ohne Probleme in einer Plastikschüssel einen Tag lang im Kühlschrank aufbewahren. Er bleibt knackig-frisch; sehr praktisch für die Vorbereitung! Das Dressing geben Sie allerdings erst kurz vor dem Servieren darüber, sonst wird der Salat matschig.

Blumenkohl

Damit nicht die ganze Wohnung nach Kohl »duftet«, geben Sie einfach ein Lorbeerblatt ins Kochwasser.

Bohnensalat

Damit der Bohnensalat würziger wird, geben Sie die Bohnen noch warm in die Marinade. Sie nehmen dann die Aromen der Marinade besser auf.

Bratäpfel

Damit die Äpfel außen eine schöne Form behalten, sollten Sie sie vor dem Backen mit Butter bestreichen. Setzen Sie sie zum Garen in eine Auflaufform, deren Boden mit Zuckerwasser und Wein bedeckt ist, dann werden sie noch aromatischer.

Braten

Achten Sie darauf, dass Topf und Öl richtig heiß sind, bevor Sie das Fleisch zum Anbraten hineingeben. Nur so schließen sich die Poren, und das Fleisch bleibt innen saftig. Ist das Fleisch angebrannt, schneiden Sie die Stelle weg und geben den Braten in einen frischen Topf, in dem Sie ihn zusammen mit einer Prise Natron fertiggaren.
Damit der Braten schön knusprig wird, bestreuen Sie ihn nach dem Würzen ganz dünn mit Zucker oder bepinseln ihn mit Honig. Ein anderer Kniff ist der Bier-Trick: Übergießen Sie das Fleisch im Backofen immer mal wieder mit Bier: Das gibt eine schöne Kruste. Braten werden übrigens zart und nehmen ein fruchtiges Aroma an, wenn Sie sie über Nacht in Saft einlegen.

Bratensauce

Bratensauce bekommt ein tolles Aroma, wenn Sie einen Schuss kalten Kaffee oder eine Prise Pulverkaffee hineingeben. Ein Stück Schwarzbrot, das zusammen mit dem Fleisch gebraten wird, verbessert ebenfalls das Aroma, die Würze und die Sämigkeit.

Bratkartoffeln

Kochen Sie die Kartoffeln für die Bratkartoffeln immer schon am Vortag, dann kann die Kartoffelstärke über Nacht wirken und die Bratkartoffeln werden knuspriger.

Brot

Damit frisches Brot beim Schneiden nicht bricht, sollten Sie das Messer vorwärmen.

Brühe

Selbst gemachte Brühe wird noch schöner in der Farbe und auch pikanter im Aroma, wenn Sie eine Prise Safran hinzufügen. Sie können auch eine Chilischote im Ganzen für eine Weile mitkochen lassen und dann herausnehmen. Sie gibt der Brühe ein feuriges Aroma.

Ist die Brühe versalzen, dann können Sie sie mit einem verquirlten Eiweiß retten. Geben Sie einfach das Eiweiß in die kochende Brühe, lassen Sie es stocken und entfernen Sie es wieder. Das Eiweiß bindet das Salz. Den Vorgang können Sie gegebenenfalls wiederholen.

Buttercreme

Gerinnt die Buttercreme bei der Zubereitung, lässt sie sich retten, indem Sie Sahnesteif unterschlagen, bis die Creme wieder glatt ist. Sie können auch etwas geschmolzenes Kokosfett gleichmäßig einarbeiten.

Carpaccio

Schöne dünne Scheiben erhält man am ehesten, wenn Sie Fleisch oder Fisch vor dem Schneiden 1 knappe Stunde in den Gefrierschrank legen.

Champignons

Versuchen Sie, die Champignons ausschließlich mit einem Pinsel oder einem Küchentuch zu säubern. Verwenden Sie nur in Ausnahmefällen Wasser. Die Pilze ziehen das Wasser auf wie ein Schwamm und werden dadurch geschmacklich nicht besser. Champignons sollten nach dem Schneiden mit Zitronensaft beträufelt werden, so bleiben sie schön hell.

Curry

Bereiten Sie ein Curry-Gericht zu, so sollten Sie das Gewürz kurz in nicht zu heißem Öl anrösten. Die Aromastoffe entfalten sich so noch besser. In eine Currysauce können Sie eine Banane hineinpürieren. Sie sorgt für exotisches Aroma und sämige Konsistenz.

Ei

Machen Sie vor der Verwendung den Frischetest: Legen Sie das Ei in ein hohes Gefäß mit Wasser. Faule Eier steigen nach oben, frische bleiben unten.

Eiweiß

Damit Eiweiß schön steif wird, sollten alle Rührutensilien absolut fettfrei sein. Das Eiweiß wird zunächst auf geringer Stufe angeschlagen, erst dann kann die Rührgeschwindigkeit erhöht werden. Besonders steif wird Eiweiß durch ein paar Spritzer Zitronensaft oder eine Prise Speisestärke.

Erdbeeren

Sie sollten vor dem Putzen, also mit Strunk, gewaschen werden, sonst verwässern sie.

Fisch

Machen Sie hier den »Frischetest per Daumendruck«: Bleibt der Daumendruck sichtbar, ist der Fisch alt! Bei frischem Fisch verschwindet der Abdruck sofort wieder. Außerdem gilt: Frische Fische haben rote Kiemen, glänzende Augen und riechen angenehm.

Zu den drei S (»Säubern, Säuern, Salzen«): Frische, geputzte Fische werden vor dem Salzen mit Zitronensaft beträufelt, sonst wird das Salz durch den

Zitronensaft nur wieder abgespült.
Ob der Fisch gar ist, erkennen Sie daran, dass sich die Rückenflosse leicht herauslösen lässt. Um Fischgeruch an den Händen zu vermeiden, reibt man sie mit einer halben Zitrone ab.

Fleisch

Egal, welches Fleisch Sie zubereiten wollen: Braten Sie es immer in sehr heißem Öl an, damit sich die Poren schließen. Welchen Garzustand das Fleisch hat, erkennen Sie am Drucktest:
- → Gibt das Fleisch noch sehr stark nach, ist es innen noch roh,
- → reagiert es elastisch, ist es innen rosa,
- → gibt es kaum nach, ist es durch.

Verzichten sollten Sie auf Fleischthermometer, denn wenn Sie in das Fleisch pieksen, verletzen Sie das Stück, und der Fleischsaft tritt aus.

Forelle blau

Wenn Sie Forelle blau zubereiten wollen, müssen Sie darauf achten, dass die Schleimschicht außen am Fisch nicht verletzt wird. Sie ist es nämlich, die sich blau verfärbt. Das gilt übrigens auch für den Karpfen.

Geflügel

Knusprig wird die Haut, wenn sie kurz vor dem Garzeitende mit einer Honig-Balsamico-Marinade im Verhältnis 1:1 bestrichen wird.

Gelatine

Gelatine muss der Masse, die in sie eingerührt wird, immer angeglichen werden, das heißt: Rühren Sie erst einen Teil der zu gelierenden Masse in die Gelatine und dieses Gemisch dann in die restliche Masse. So verhindern Sie unappetitliche Schlieren. Gelatinespeisen lassen sich übrigens leicht stürzen, wenn Sie die Förmchen vorher mit Frischhaltefolie auslegen.

Gulasch

Bestäubt man das Gulasch beim Anbraten leicht mit Mehl, dann bindet die Sauce. Paprikapulver darf immer nur nach dem Anbraten zugeben werden, sonst wird es bitter.

Hähnchenbrust

Legt man das Fleisch vor der Zubereitung 2 Stunden lang in Buttermilch ein, wird es noch zarter. Dasselbe gilt für Hasenfleisch. Allerdings sollte Hase 2 Tage in Buttermilch liegen.

Hefeteig

Will der Hefeteig nicht richtig aufgehen, dann kann man etwas Backpulver unterkneten. Lassen Sie ihn anschließend an einem warmen, windstillen Ort stehen. Der ideale Ort zum Aufgehen ist übrigens eine gut verschließbare Plastikschüssel im mit warmem Wasser gefüllten Spülbecken.

Kartoffel

Kartoffeln mit Keimen sollten Sie unbedingt dicker schälen als üblich, da sich unter der Schale Giftstoffe gebildet haben. Auch grüne Stellen sollten Sie aus dem selben Grund großzügig entfernen.

Kartoffelklöße
Luftige Klöße, die nicht zerfallen, erhalten Sie, wenn Sie die Klöße in hitzebeständiger Frischhaltefolie kochen. Gut zu wissen für die Vorbereitung: Rohe Klöße lagern Sie am besten auf einem mit Mehl bestäubten Brett oder Teller und decken sie mit Frischhaltefolie ab. Sie können so bis zu einem Tag aufbewahrt werden.

Knoblauch
Nie zu stark anbraten, sonst wird er bitter.

Kurzgebratenes
Kurzgebratenes Fleisch sollte mit dem Pfannenwender gewendet werden. Benutzen Sie die Gabel, so tritt Fleischsaft aus der Einstichstelle aus, und das Fleisch wird zäh.

Leber
Niemals vor dem Braten salzen. Die Leber wird sonst zäh.

Löwenzahn
Er muss ungefähr 10 Minuten gewässert werden, sonst wird die Speise bitter.

Mayonnaise
Ist die selbst gemachte Mayonnaise geronnen, so rührt man ein Eigelb glatt und gibt teelöffelweise die Mayonnaise dazu. Ist die Mayonnaise zu dünnflüssig geraten, kann man die Masse mit einer gegarten Kartoffel andicken.

Mehlbutter
Hierfür mischen Sie einen Löffel Mehl mit einem Löffel Butter. Mehlbutter ist ideal, um Saucen zu binden.

Mehlklümpchen in Saucen
Mixen Sie die Sauce mit einem Pürierstab auf, so verschwinden die Klümpchen garantiert!

Nelke
Sollen Nelken mitgegart werden, stecken Sie sie am besten in eine ganze abgezogen Zwiebel. Die Nelken lassen sich so leicht wieder entfernen.

Nieren
Ebenso wie die Leber sollten auch sie erst nach dem Braten gesalzen werden. Übrigens tut beiden vor dem Garen ein Milchbad gut.

Nudeln
Geben Sie eine Prise Kurkuma ins Kochwasser. Die Nudeln erhalten so eine sehr dekorative gelbe Farbe.

Pudding
Legen Sie auf den noch heißen Pudding Klarsichtfolie; so entsteht keine Puddinghaut!

Reis
Bevor Sie Reis kochen, sollten Sie ihn immer in einem Küchensieb unter fließendem Wasser gut abspülen. Für exotische Gerichte können Sie einige Rosinen zusammen mit dem Reis ins Kochwasser geben.

Rumpsteak
Damit sich das Fleisch beim Braten nicht wölbt, sollte der Fettrand mehrmals eingeschnitten werden. Nach dem Braten muss das Fleisch noch kurz ruhen; so kann sich der Fleischsaft gleichmäßig verteilen. Wickeln Sie es dafür in Alufolie und lassen Sie es 5 Minuten stehen. Wenn Sie befürchten, dass das Fleisch zu kalt wird, können Sie es für die Zeit bei 80 °C in den Ofen geben.

Sahne
Sahne wird schneller steif, wenn Sie sowohl das Gefäß als auch die Quirlhaken vorher ins Eisfach legen.

Salatsaucen
Geben sie das Öl erst zum Schluss zu, sonst lösen sich die Salzkristalle viel schwerer auf. Hat man das Dressing versalzen, kann man es mit Saft, ungesalzener Brühe oder Sahne retten.

Sauce
Droht eine Sauce zu gerinnen, können Sie sie noch retten, indem sie rasch einen Eiswürfel unterschlagen.

Strudel
Bestreicht man den Strudel kurz vor Ende der Garzeit mit Kondensmilch, Sahne oder geschmolzener Butter, bekommt er einen schönen Glanz.

Suppen
Sie können Suppen blitzschnell entfetten, indem Sie Eiswürfel zugeben, denn an den Eiswürfeln wird das Fett hart. Allerdings müssen sie auch schnell entfernt werden, sonst schmelzen sie und verwässern die Suppe.

Vanillepudding
Steif geschlagene Sahne, die unter den Pudding gezogen wird, verleiht ihm eine besonders cremige Konsistenz.

Wild
Die Wildbeize darf nicht gesalzen werden, da sonst das Fleisch austrocknet.

Verbrennen
Sehen Sie durchs Backofenfenster, dass der Kuchen schon ziemlich braun geworden ist, dann decken Sie ihn mit Alufolie ab. Innen kann er dadurch trotzdem garen, außen bräunt er nicht mehr nach.

Zitronen
Wenn Sie die Schale benutzen, sollten Sie unbedingt unbehandelte Früchte verwenden. Und auch diese sollten Sie vor dem Reiben heiß waschen.

Zwiebeln
Atmen Sie beim Schneiden möglichst durch den Mund. So werden die Schleimhäute nicht so gereizt, und die Augen tränen nicht so sehr. Gibt man einen Spritzer Essig in die Bratpfanne, so bindet dieser den Zwiebelgeruch.

BEWERBUNGSBOGEN

Sie wollen mitmachen bei  Tun Sie's!

Schreiben Sie an VOX – Zuschauerredaktion, Stichwort: »Das perfekte Dinner«, Richard-Byrd-Straße 6, 50829 Köln oder bewerben Sie sich im Internet unter: www.vox.de

Name:

Adresse:

Alter:

Beruf:

Größe der Wohnung:

Kochkenntnisse:

Das perfekte Dinner ist für mich...

Menü für den Abend: 1. Gang

2. Gang

3. Gang

Motto und Deko für den Abend:

Esse gar nicht:

Lebensmittelallergien:

A

Alkohol 41, 52,
    was passt? 60f.
Amuse-Gueule / Appetithäppchen
    22, 82, 86
Anlass 9
Anrichten 74
Aperitif 22, 60, 82, 85f.
Assemblage 56

B

Barrique 57
Begrüßung 81
Bestandsaufnahme 16f., 40, 65
Besteck 10, 16, 45, 47, 63, 70
    Silber 40f., 70
Bier 52f.
Blumen 64, 70, 73f., 76ff., 81
Brotteller 10, 11, 49
Budget 9, 10, 16, 22

C

Champagner 54, 56f.
Cuvée 56

D

Dekantieren 59
Dekoration 9, 23, 41, 73, 63ff. 76ff.
    Raum 64ff.
Digestif 35, 60f.
Don`ts 26
Dosage 56

E

Ehrengast 9
Eindecken 49
Einkaufsliste 28, 30f.
Einladung 18
Einladungsfristen 18
    Karte 18f., 23, 33ff.

G

Gänge 22, 24
Gast 5ff., 9, 20, 26f. 34, 38, 48, 59,
    81, 85
    Anzahl 10ff.
Gästeliste 20, 82ff.
Geschenke 81, 85
Geschirr 10, 16, 41ff., 45, 47f., 63, 70
Give-away 38, 42, 77f.
Gläser 16, 41, 47, 50, 63, 70
    Anordnung 50

J

Jahrgangsport 59

K

Kellner 10, 22
Kerzen 63, 71, 76
Kleidung
    festliche 18
Konversation 5

L

Licht 63, 71

M

Menü 9, 24, 26f., 34, 47, 86, 91ff.
Menüzusammenstellung 9
    Karte 34ff.
Musik 84

O

Organisation 5, 23

P

Pannen 135ff.
Planung 5f., 28, 40ff.
Platzkarte 34, 63, 69
Platzset 65, 67
Platzteller 10, 65ff., 76

S

Salatteller 10, 11
Sekt 54, 56f.
Servieren 50, 52, 82, 86
Serviette 11, 41, 38, 48, 67ff., 77f.
Sitzordnung 50

T

Terminwahl 15
Testlauf 33
Tisch 10f., 16, 47, 63ff.
    rund 11
    Größe 10, 11
Tischdecke 11, 16, 42, 65ff., 70, 76, 82
Tischschmuck 48, 78
Trinktemperatur 53, 54

U

Unterhaltung 82, 84

V

Vegetarier 9, 22, 24
Vorbereitung 15, 23
Vorstellung 82, 85

W

Wein 28, 53ff., 56f., 84, 86
    Sorte 53ff.
    Temperatur 53ff.

Z

Zeitplan 20, 28, 40ff., 86ff.
Zutat
    exotisch 9
    heikel 24f.
    schwer zu beschaffen 27

Bibliografische Information der Deutschen Bibliothek
Die Deutsche Bibliothek verzeichnet diese Publikation in der Deutschen Nationalbibliografie; detaillierte bibliografische Daten sind im Internet über http://dnb.ddb.de abrufbar.

© 2006 »VOX« und »Das Perfekte Dinner« mit freundlicher Genehmigung der VOX Film- und Fernseh-GmbH & Co. KG, Köln.

1. Auflage 2006
© der Buchausgabe: Egmont vgs verlagsgesellschaft mbH
Alle Rechte vorbehalten.
Redaktion: Petra Flocke
Lektorat: Angelika Greif
Produktion: Susanne Beeh, Sarah Fritsche
Layout, Satz und Umschlaggestaltung: Metzgerei Strzelecki, Grafikdesign und Illustration, Köln
Druck: Westermann, Zwickau
Printed in Germany
ISBN 3-8025-1722-9
Ab 01.01.2007: ISBN 978-3-8025-1722-8

Bildnachweis

S. 4 mauritius images/Botanica; S. 6 mauritius images/Peter Enzinger; S. 7 mauritius images/Foodpix; S. 8 mauritius images/Foodpix; S. 9 Estelle Klawitter/zefa/Corbis; S.11 mauritius images/Foodpix; S. 14 mauritius images/Botanica; S. 19 StockFood.de/Lister, Louise; S. 24 Cornelis Gollhardt, Köln/Stephan Wieland, Düsseldorf; S. 28 mauritius images/André Pöhlmann; S. 29 mauritius images/Solaris; S. 32 mauritius images/Foodpix; S. 36 oben StockFood.de/Sporrer/Skowronek; S. 36 unten StockFood.de/Arras, Klaus; S. 39 StockFood.de/FoodPhotogr. Eising; S. 40 mauritius images/Foodpix; S. 45 StockFood.de/Arras, Klaus; S. 46 mauritius images/Nonstock; S. 48 Cornelis Gollhardt, Köln/Stephan Wieland, Düsseldorf; S. 49 mauritius images/Botanica; S. 50 mauritius images/Botanica; S. 51 StockFood.de/Blessing, Werner; S. 52 mauritius images/Foodpix;
S. 53 Cornelis Gollhardt, Köln/Stephan Wieland, Düsseldorf; S. 55 Rita Maas/PictureArts/Corbis; S. 58 mauritius images/Workbookstock; S. 62 mauritius images/Botanica; S. 67 StockFood.de/FoodPhotogr. Eising; S. 68 mauritius images/Botanica; S. 70 Mitte StockFood.de/Eising, Susie M.; S. 72 StockFood.de/Rynio, J.; S.75 Food-Foto-Köln, Jürgen Holz, Christian Pompetzki; S. 79 StockFood.de/Bischof, Harry; S. 80 mauritius images/Jörn Rynio; S. 83 Morgan David de Lossy/Corbis; S. 84 mauritius images/Stock4b, S. 87 StockFood.de/Loftus, D.; S. 90 Food-Foto-Köln, Jürgen Holz, Christian Pompetzki; S. 134 mauritius images/Westend61; S. 141 Simon Marcus/Corbis
Alle weiteren Bilder: Videograbs hergestellt von openedit, Köln
Illustrationen: Metzgerei Strzelecki, Grafikdesign und Illustration, Köln

Besuchen Sie unsere Homepage:
www.vgs.de